FOREX PİYASASI

ULUSLARARASI DÖVİZ PİYASALARINDA İNTERNET ÜZERİNDEN İŞLEM

MUTLU MEYDAN

İş ve Yönetim Serisi 30

İş ve Yönetim Serisi 30

FOREX PİYASASI©

Uluslararası Döviz Piyasalarında İnternet Üzerinden İşlem

Editör / Gaye Dinçel, Mine Egbatan
Düzelti / Tuğba Yıldırım
Yayın Danışmanları / Banu Akın, Deniz Yılankaya, Ebru Vural, Emin Akçaoğlu, Gözde Güzel, Gülderen Çopur, Hakan Özerol, Sancar Tanışman
Mizanpaj / Yüksel Ünsal
Kapak Düzeni / İnova Tasarım
Yayın Ekibi / Çiğdem Karaca, Demet Kurtbaş, Demet Uyar, Gülderen Çopur, Merve Dinar, Seyra F. Erdaloğlu, Songül Düzgün, Zafer Akta

1. Basım Kasım 2008 • 6. Basım Haziran 2014
ISBN / 978-975-6093-54-2

Elma Yayınevi / Aziziye Mah. Portakal Çiçeği Sok.
No:37/7 Çankaya / Ankara
Yayıncı Sertifika No / 12437

Basımevi / MRK Baskı ve Tanıtım Hizmetleri
Ağaçişleri Sanayi Sitesi 1357. Sok No/41 Ostim / Ankara
Matbaa Sertifika No / 14338

Her türlü kitap talebinizi temsilciliklerimizden, **www.elmayayinevi.com** adresimizden, telefon veya faks aracılığıyla yayınevimizden yapabilirsiniz. Kitaplarımızla ilgili görüşlerinizi **www.elmayayinevi.com** adresindeki web sitemizde belirtebilirsiniz.

ELMA YAYINEVİ©

temsilciliklerimiz

Akdeniz Bölgesi / CDR Eğitim ve Danışmanlık • Gökçe Ateş • Tel: (242) 247 72 72 • gokceates@izgorenakademi.com
Bursa / MGK Eğitim Hizmetleri • Özlem Erbaşlar • Tel: (224) 243 87 15 • ozlemerbaslar@izgorenakademi.com
Kayseri / OAG Eğitim Danışmanlık • Gökçen Acuner • Tel: (352) 234 17 18 • gokcenacuner@izgorenakademi.com
Kocaeli / Özel Batı Karadeniz Eğitim Danışmanlık • Yasemin Kaya • Tel: (262) 319 02 00 • yaseminkaya@izgorenakademi.com
Samsun / Karadeniz Eğitim Danışmanlık • Salih Özgür • Tel: (362) 431 34 36 • karadeniz@izgorenakademi.com

YAZAR HAKKINDA

Mutlu Meydan, lise ve kolej yıllarını Londra'da tamamladıktan sonra Orta Doğu Teknik Üniversitesi İşletme Bölümü'nü bitirdi. Üniversiteden sonra Türkiye'de profesyonel iş hayatına başladı. 2000 yılında Sidney, Avustralya'ya yüksek lisans eğitimi için gitti ve orada yaşamaya karar vererek Sidney'e yerleşti.

İnternet teknolojisinin gelişimi ve online emtia işlemlerine internet üzerinden olanak sağlanmasıyla 2002 yılında uluslararası finansal emtia piyasalarında işlemler yapmaya başladı. 2003 yılında, kişisel yatırımlarını bir iş çerçevesinde düzenlemek için Meydan & Co. firmasını kurdu. Hem kişisel hem de broker fonları yöneten Meydan & Co., 2008 itibariyle uluslararası dört broker firmaya danışmanlık yapmaktadır.

İÇİNDEKİLER

ÖNSÖZ

Forex piyasasıyla ilgilenen herhangi bir kişi için kullanım kılavuzu olarak yazılan bu kitaptan okuyanın alması gereken üç temel şey var:

1- Forex piyasasında teknik analiz

2- Para Yönetimi

3- Trader psikolojisi

Kitabın çoğu teknik analize ve stratejilere ayrılmış olduğu için teknik analizin en önemli konu olduğunu sanmayın. Tam tersine, önem sırasının sonunda teknik analiz var. Bu kitaptan alabileceğiniz en önemli şey, para yönetimi ve işlemlere duygusuz yaklaşmayı öğrenmek.

Bu ana kavramları bir araya getirebilir ve forex piyasasında işlem yapmayı bir "iş" ya da "profesyonel meslek" olarak görürseniz size sağlayacağı getiri son derece güzel olacaktır.

Forex piyasasında kazanç sağlamak zor değildir ama ne yaptığınızı bilmiyorsanız, yüksek kaldıraç oranları ve plansız işlemlerle bu piyasada kaybınızın haddi hesabı olmaz.

Teknik analizle ilgili bilgileri hem VOB'ta (Vadeli İşlem ve Opsiyon Borsası) hem de borsada işlem yaparken kullanabilirsiniz. Günlük analizleri de www.turkce-forex.com ve www.globaltraderclub.com sitelerinden takip edebilirsiniz.

Ümidim, bu piyasada işlem yapmak isteyen herkese piyasayı doğru tanıtmak ve daha bilinçli bir şekilde bu piyasadan faydalanabilmeniz için bir giriş yapmaktır.

Bu kitapta bulacağınız her şey, kişisel araştırma ve deneyim ile bir araya gelen tecrübenin yeni başlayan bir insanın anlayabileceği düzeyde sunulmasıdır. Esas kaynak, birikimdir ve sizler de bu piyasada yıllar geçirdikçe göreceksiniz ki bazı şeyler, yaşadıkça ve kendinizi tanıdıkça oturmaya başlıyor.

Hepinize başarılar dilerim.

Mutlu Meydan

1. BÖLÜM
FOREX PİYASASINA GİRİŞ

Her piyasada olduğu gibi forex piyasasının da kendine has terimleri vardır. Bu terimlerin her birinin İngilizce karşılıklarını da parantez içerisinde açıklayacağız. Böylelikle yabancı brokerler kullandığı zaman bu terimleri kolaylıkla ilişkilendirebileceksiniz.

Forex işlemlerine başlamadan önce forex terimlerini çok iyi anlamalısınız. Bu kitap sizlerin forex piyasasını daha iyi anlayabilmeniz ve işlemlerinizi bilinçli ve kazançlı şekilde yapabilmeniz için özellikle kolay ve pratik uygulamalarla anlatılmıştır.

21. Yüzyılda Kendi İşinizi Kurmanın En Pratik Yolu

İnternet bağlantısı kurabildiğiniz herhangi bir yerden forex piyasasına girip kendi işinizi yapmak gibi bir takıntınız varsa ihtiyaç listeniz çok kısa olacak:

1. Bilgisayar
2. İnternet bağlantısı
3. Çalışma masası (ya da rahat bir kanepe)
4. Bir de düğmelere basmak için size ihtiyaç var!

Bu kadar! Eleman yok! Reklam vermek yok! Müşteri aramak yok! Stok tutmak yok!

İyi eğitimli bir forex işlemcisi piyasada her ay, hafta ya da gün büyük kazanç sağlayabilir. (Elbette eğitimsiz bir forex traderı da büyük zararlara uğrayacaktır.)

Bu işin en güzel yanları:

- Patron sizsiniz!
- Müşteriye ihtiyacınız yok!
- Elemana ihtiyacınız yok!
- İnternet bağlantınız olduğu sürece ister evde, ister kumsalda çalışın!
- Ofiste yaşadığınız hiçbir sıkıntı ve problemi düşünmeniz gerekmiyor.
- Kendi çalışma saatlerinizi siz belirleyin. İstediğiniz zaman tatilinize gidin.

Forex Piyasası Nedir?

Forex ya da "Foreign Exchange" veya "Spot FX" piyasası olarak bilinen uluslararası kambiyo piyasası, dünyanın en büyük finansal emtia piyasasıdır ve günlük işlem hacmi, 2012 yılında 5 trilyon dolar seviyesine ulaşmıştır. Eğer bu rakamı New York borsasının ortalama günlük işlem hacmiyle (25 milyar dolar) kıyaslarsanız bu piyasanın ne kadar muazzam olduğunu anlayabilirsiniz. Aslında forex piyasası, ABD'deki tüm finansal borsa ve piyasaların toplamından üç kat daha büyük işlem hacmine sahiptir.

Forex Piyasasında Hangi İşlemler Yapılır?

Para! Forex piyasası, bir ülkenin para birimini satıp aynı anda bir başka ülkenin para birimini alarak yapılan işlemdir. Bu işlemler bir broker aracılığıyla yapılmaktadır. Örneğin en çok işlem gören paritelerden birisi EURUSD (AvroDolar) ya da GBPJPY'dir (SterlinYen).

Aslında bu tür işlemler yapmak yatırımcılar için biraz kafa karıştırıcı olabilir çünkü fiziksel olarak herhangi bir mal alışverişi yoktur. Basit olarak şöyle düşünebilirsiniz: "Herhangi bir döviz birimi aldığım zaman o ülkenin bir kısmını satın alıyorum". Mesela EUR (Avro) aldığınız zaman aslında AB ekonomisinden bir pay satın almış alıyorsunuz. Para biriminin değeri de piyasanın, ekonominin durumu doğrultusunda verdiği değerdir.

Genel olarak bir ülkenin para biriminin diğer ülkenin para birimine olan değeri, iki ülkenin ekonomik durumlarının birbirleriyle kıyaslanmasından kaynaklanan bir değerlendirmedir.

Forex piyasası, borsalar gibi sabit bir yerde ya da merkezi bir lokasyondan işlem görmez. Forex piyasası "tezgâh üstü" (OTC - Over the Counter) veya bankalar arası (Interbank) bir piyasa olarak bilinir. Günümüz teknolojisinde forex piyasası, bankaların elektronik ağ sistemleriyle 24 saat işleme açık durumdadır.

Spot Piyasa Nedir?

Spot piyasa herhangi bir finansal emtianın o andaki piyasa fiyatıdır.

Hangi Pariteler İşlem Görür?

Piyasada birçok ülkeler arası parite işlem görmektedir. Bugün, herhangi bir broker kurumda kırktan fazla döviz çiftiyle işlem yapabilirsiniz.

Ancak piyasadaki en aktif ve likit pariteler, genellikle USD birimiyle işlem gören "Temel Pariteler" (Majors) olarak bilinen EURUSD, GBPUSD, AUDUSD, NZDUSD, USDCAD, USDCHF ve USDJPY pariteleridir.

USD – ABD Doları

EUR – Avro

GBP – İngiliz Sterlini

CHF – İsviçre Frangı

AUD – Avustralya Doları

NZD – Yeni Zelanda Doları

CAD – Kanada Doları

JPY – Japon Yeni

Forex işlemlerinde pariteler her zaman üç harfle ifade edilir ve üçüncü harf, ülkenin para biriminin ilk harfidir.

Forex İşlemleri Hangi Saatlerde Yapılır?

Spot forex piyasası haftanın beş iş günü 24 saat açıktır. Dolayısıyla ne zaman çalışacağınıza siz karar verebilirsiniz. Forex piyasası, pazartesi sabah Sidney Avustralya'da 08.30'da başlar ve cuma, New York saatiyle 17.00'de sona erer.

Neden Forex Piyasası?

Komisyon yok: Forex brokerleri takas işlemlerinden vergi veya ücret almazlar. Aracı kurumlar sadece satış (Bid) ve alış (Ask) fiyatı arasındaki farkı alırlar. Al/sat arasındaki fark "spread" olarak bilinir ve bu konu ilerleyen bölümlerde anlatılacaktır.

24 saat açık piyasa: Seans saatlerini beklemek zorunda değilsiniz. Forex piyasası sadece hafta sonları dinlenir. Bu, günlük işlerini bırakmak istemeyip sadece arada sırada işlem yapmak isteyen insanlar için ideal bir durumdur.

İşlem hacmi: Forex piyasasının işlem hacminin büyüklüğünden ve milyonlarca katılımcısının olmasından dolayı herhangi bir şirket, hatta herhangi bir ülke tarafından bile kontrol edilmesi mümkün değildir. Merkez bankalarının müdahaleleri bile son zamanlarda piyasada ya hiç etki göstermiyor ya da çok kısa vadeli bir hareket gerçekleştiriyor.

Kaldıraç: Forex piyasasında küçük bir miktar yatırımla yüksek meblağlar işletebilirsiniz. Bu mekanizma sayesinde çok büyük kârlar edinebilir ve sermaye riskinizi düşük tutabilirsiniz. Türkiye'de broker firmalar şu an 1:100 oranında kaldıraç sağlıyor ve asgari hesap brokerlerde $1,000. Bu durumda, $1,000'lık bir yatırımla $100,000'lık bir işlem pozisyonu açabilirsiniz. Ancak kaldıraç, aynı zamanda riskli bir araçtır ve doğru risk yönetimi kullanmazsanız yüksek kaldıraç oranları size büyük kârın yanı sıra zarar da getirebilir. Türkiye'de kaldıraç 1:100 ile sınırlanmış olmasına rağmen yurt dışında 1:400'e ve daha da yüksek kaldıraç sağlayan brokerlere ulaşabilirsiniz.

Likidite: Forex piyasasının devasa işlem hacmi bu piyasayı aynı zamanda en likit piyasa yapmaktadır. İşlemleriniz anında al/sat pozisyonuna girer ve istemediğiniz bir işlemde takılıp kalmazsınız.

Bedava tanıtım hesapları: Brokerlerin çoğu artık müşterilerine bedava tanıtım hesapları sunmaktadır. Yeni başlayan traderlar için elbette bu tamamen risksiz bir deneme süreci anlamına geliyor.

Mini hesap: Finansal işlemler gerçekleştirmek için çok paranız olmasına gerek yok. Artık birçok broker $100 gibi komik rakamlarla sizin için hesap açıyor. Böylelikle birçok yatırımcı kendi bütçesine göre hesap açabilir. Aslında bu tür küçük miktarlarla hesap açmanızı önermiyoruz. İyi bir hesap, nereden baksanız en az $5,000 civarında olmalıdır. Bunun nedenini ilerleyen safhalarda anlatacağım.

Eğer brokerinizde mini veya mikro hesap açma fırsatı yok ise, o zaman işlem pozisyonu açarken lotlarınızı 0,1 veya 0,01 ve katları olarak tutabilir, hacmi düşük tutarak kaldıraç seviyenizi azaltma yoluna gidebilirsiniz.

Türkiye'de standart hesap 1,000 TL ile açılmaktadır ve

Türkiye'de mini hesap seçeneği bulunmamaktadır. Ancak belirttiğim gibi hacimlerinizi düşük tutarak mini hesapta işlem yapıyormuş gibi işlem yapabilirsiniz.

Forex İşlemleriyle Nasıl Para Kazanılır?

Forex piyasasında yaptığımız şey para alıp satmaktır. Piyasaya işlem girmek son derece kolaydır ve eğer borsada biraz işlem yaptıysanız hemen kaparsınız.

Amaç, bir para birimini diğeriyle değiştirmektir. Böylelikle beklentimiz, aldığımız birimin sattığımız para birimine göre değer kazanmasıdır.

Örnek bir işlem yapalım:

21 Şubat 2008 tarihinde GBPUSD çiftini 1,9435'ten £10,000 aldık. Yani 19,435 USD karşılığında 10,000 GBP satın aldık.

Aynı gün fiyat hedefimize geldi ve 1,9640 seviyesinde pozisyonumuzu kapattık. Yani 10,000 GBP paramızı 1,9640'tan sattık ve USD olarak geri çevirdik. Şimdi 19,640 USD hesabımız oldu. Aynı seans içerisinde 205 USD kazanç elde ettik.

1:100 kaldıraç veren bir brokerle bu işlemi, işlem hacminizi düşük tutup düşük kaldıraç ile gerçekleştirebilirsiniz.

Hesaplamalar:

10,000 GBP x 1,9435 = 19,435 USD

10,000 GBP x 1,9640 = 19,640 USD

Fiyatlar grafiklerde bazen virgülden sonra 5 basamak görünebilir. Örneğin; 1,94357. Bu durum hiç kafanızı karıştırasın. Sonuç olarak, kesirli fiyatlar 5 haneli olsa da tik/pip olarak hep dördüncü haneyi alarak hesaplayınız.

Forex Fiyatları Nasıl Okunur?

Pariteler daima çift olarak fiyatlandırılırlar, örneğin GBPUSD veya USDCHF. Çift olarak fiyatlandırılmalarının nedeni, her işlemde bir pariteyi satıp diğerini almamızdır.

GBPUSD = 1,9435

İlk döviz birimi temel birim (base currency) olarak, ikinci parite de karşı birim (counter/quote currency) olarak bilinir. Bu örnekte temel birim GBP ve karşı birim de USD'dir.

Döviz fiyatı, temel birimden 1 tane alabilmek için karşı birimden ne kadar ödemem gerektiğini söylüyor. Örneğimize göre 1GBP alabilmek için 1,9435 USD vermem gerekmektedir.

Eğer temel para biriminin değer kazanacağını düşünüyorsam o parite çiftini satın alırım. Eğer temel para biriminin değer kaybedeceğini düşünüyorsam o parite çiftini satarım.

Uzun (Long) / Kısa (Short)

İşlem yapmadan önce alış mı yoksa satış mı yapacağınıza karar vermelisiniz.

Eğer alış yapacaksanız (temel pariteyi satın alacaksınız ve karşı pariteyi de satacaksınız), temel paritenin artmasını bekliyorsunuz demektir ki yükseldikten sonra kârla satabilesiniz. Eğer GBPUSD paritesini satın alıyorsanız buna "long" denir: Long = Al.

Eğer satmak istiyorsanız (temel pariteyi satıp karşı pariteyi alacaksınız), temel paritenin düşmesini bekliyorsunuz demektir ve daha düşük bir fiyattan geri alarak pozisyonunuzu kapatacaksınızdır. Bu işleme "short" pozisyon denir: Short = Sat.

Piyasa Satış Fiyatı (Bid / Sell) / Piyasa Alış Fiyatı (Ask / Buy)

Tüm forex parite fiyatlandırmaları iki yönlüdür "satış" ve "alış". Satış fiyatı, her zaman alış fiyatından düşüktür. Satış fiyatı brokerin sizden alacağı fiyattır, dolayısıyla siz alış fiyatından pariteyi alacaksınız.

Satış fiyatıyla alış fiyatı arasındaki fark, "spread" olarak bilinir.

Aşağıdaki örnekte GBPUSD paritesi fiyatları gösterilmektedir. Satış fiyatı 1,9504 ve alış fiyatı 1,9508. Brokerin kazancı spread olarak bilinen al/sat farkıdır ve aşağıdaki işlem düğmesinde de bunun 4 pip olduğunu rahatlıkla görebilirsiniz. Eğer GBPUSD çiftini satmak istiyorsanız satış fiyatı üzerine tıklayacaksınız, almak isterseniz alış fiyatı üzerine tıklayacaksınız.

Fiyat Kutusu (Quote Box / Price Box)

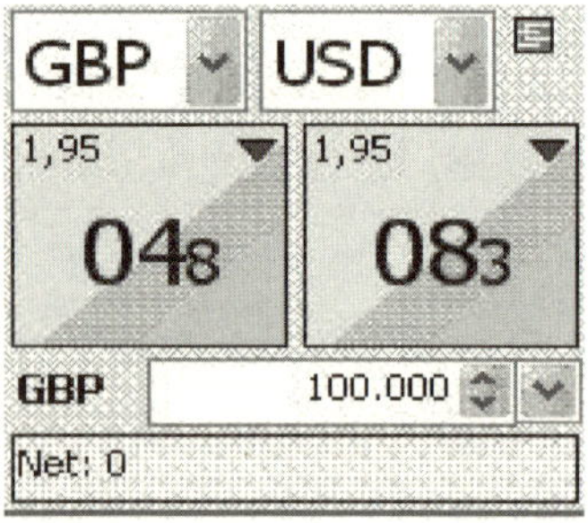

Gecelik Faiz (Swap / Rollover)

Eğer New York saatiyle 17.00 itibariyle açık pozisyonunuz varsa, kullandığınız marjine (kaldıraç) ve piyasadaki pozisyonunuza göre, ya faiz ödersiniz ya da faiz alırsınız. Eğer faiz ödemek ya da almak istemiyorsanız o zaman işleminizi New York saatiyle 17.00 olmadan kapatmalısınız. Türkiye'deki brokerler için bu, Türkiye İstanbul saatiyle saat 17.00'dır.

Bazı brokerlerin İslami hesap uygulamaları bulunmaktadır ve faizsiz işlem hesabı açabilirsiniz.

Her döviz çifti işleminde marjin hesabı kullanıyorsanız bir birimi diğeriyle değiştirdiğiniz zaman ödünç alınan bir para kullanmış oluyorsunuz. Dolayısıyla bu, gecelik faiz işlemlerinizin masraflarını tayin etmekte önemli bir unsur hâline gelebilir. Satın aldığınız birim için faiz geliriniz ve sattığınız birim için faiz masrafınız olur. Örneğin USD-JPY alıyorsanız, Doların faizi Yenin faizinden şu an daha yüksektir ve aralarındaki net fark, faiz geliriniz olur. Eğer

USDJPY satsaydınız o zaman aradaki net fark, faiz masrafınız olacaktı.

Bu konuyu ilerleyen bölümlerde piyasa analizine değindiğimiz zaman tekrar gözden geçireceğiz.

Deneme Hesabı (Demo Account)

Birçok brokerle bedava deneme hesabı açabilirsiniz. Deneme hesabı gerçek bir hesap gibi işler. Canlı fiyatlarla istediğiniz an işlem yapabilirsiniz ve platformunuzdan canlı haber ve yorumları takip edebilirsiniz.

Deneme hesaplarıyla hiç risk almadan forex piyasasını öğrenebilir ve işlemlerinizin başarısını ölçerek gerçek parayla işlem yapmaya başlayabilirsiniz.

Gerçek parayla işlem yapmadan önce, en az üç-dört ay deneme hesabında çalışmanızı, stratejinizi, para yönetiminizi ve işlem yaparken psikolojinizi belli bir çerçeveye oturtmanızı öneririm. Eğer deneme hesabında para kazanamazsanız gerçek hesapta asla kazanamazsınız. Bu işte disiplin ve sabır başarının iki ayağıdır.

Forex Piyasasının Temel Kavramları

Forex piyasasındaki bazı temel kavramları daha önce duymuş olabilirsiniz ve bazılarının adı da burada daha önce geçti. Bu bölümde biraz hesap kitap konusuna eğileceğiz ve "pip", "lot", "kaldıraç (leverage)" gibi kavramların nasıl hesaplandığını göreceğiz.

Kâr / zarar gibi hesapları yapmayı bilmeden piyasada işlem yapmak gibi bir hata işlemeyin. Tüm traderlar için bu hesapları bilmek bir gerekliliktir.

Pip / Tik

Döviz fiyatlarındaki her bir puanlık artışa pip ya da tik denir. Örneğin USDCHF paritesi 1,0387'den 1,0388'e yükselirse fiyat 1 pip artmış demektir, yani 0,0001 puan.

Şimdi temel paritelerde pip hesaplamalarına bir bakalım.

Yen paritelerinde virgülden sonra iki basamak bulunmaktadır.

USDJPY paritesi şimdi 103,50 seviyesinde, 1 pip artarsa 103,51 olacaktır ve 1 pip 0,01 değerindedir.

Bu parite için 1 pipin değerini şöyle hesaplayabiliriz:

0,01 / 103,50 = 0,0000966 USD eder.

Bu gözünüze çok küçük bir rakam gibi gelebilir ama ilerleyen sayfalarda lot kavramını öğreneceğiz ve bu küçük rakamlardan ne kadar çok para kazanıldığını o zaman daha net göreceğiz.

EURUSD şu anda 1,5205.

1 pip 0,0001

Pip değeri: 0,0001 / 1,5205 = 0,0000658 EUR'dur.

Eğer, USD biriminin ana döviz birimi olmadığı zamanlarda USD değerini hesaplamak isterseniz ek bir işlem yapmanız gerekecektir:

EUR x EURUSD fiyatı

0,0000658 EUR x 1,5205 = 0,000099 ve yuvarlarsak 0,0001 eder.

USDCAD şimdi 0,9913.

Buna göre USD ana birim durumunda, 1 pip hâlâ 0,0001

Pip değeri: 0,0001 / 0,9913 = 0,0001

Bu hesaplamaları sizin yapmanız gerekmeyecek. Çünkü tüm platformlar bunları hesaplayarak işlem yapıyor ama yine de nasıl hesaplandığını bilmekte fayda vardır.

Lot

Spot forex piyasası lot denilen standart miktarlarda işlem görür. Standart 1 lot = 100,000 Birim'dir. Ayrıca bir de "Mini Lot" vardır: 1 mini lot = 10,000 Birim'dir.

Yukarıda döviz çiftlerinin değerlerinin pip olarak belirlendiğini gördük. Bu küçük oynamalardan kazanç sağlayabilmemiz için büyük miktarlarda döviz işlemi yapmamız gerekmektedir ki kayda değer bir kazanç elde edelim.

Örnek olarak $100,000 değerinde lot kullandığımızı düşünelim. Şimdi yukarıdaki pip hesaplamalarını $100,000 değerindeki 1 lot bedeline göre yapalım ve 1 pipin standart 1 lot işlemindeki değerine bakalım.

USDJPY: 103,50

Standart 1 lot için 1 pip değeri = [0,01 / 103,50] x $100,000 = $9,66

USDCAD: 0,9913

Standart 1 lot için 1 pip değeri = [0,0001 / 0,9913] x $100,000 = $10,08

EURUSD: 1,5205

Standart 1 lot için 1 pip değeri = [0,0001 / 1,5205] x €100,000 = €6,57

Eğer USD ana birim değilse o zaman bu örnekte olduğu gibi pip değerini USD'ye çevirmek için: €6,57 x 1,5205 = $9,9999 yuvarlarsak $10, bu ek hesabı yapmalısınız.

Kâr ve Zarar

1 pip değerini hesaplayabildiğimize göre şimdi kâr / zarar hesabı yapabiliriz.

Bunun için bir örnek yapalım.

USDCHF bugün (5 Mart 2008) ikinci kez dibe vurdu ve 1,0340'tan alalım.

Brokerimin bana sunduğu fiyat 1,0337 / 1,0340. Alış yapacağımız için 1,0340'tan piyasaya girdik.

1 standart lot $100,000 ve 1,0340'tan pozisyon açtık. Bu işlemi saat 17.00 barı açılır açılmaz yaptık ve fiyat aynı bar içerisinde 1,0397'ye geldi. Broker, şimdi 1,0397 / 1,0400 sunuyor ve biz kârla pozisyonumuzu kapattık.

Alış pozisyonumu kapatmak için satış yapmam lazım. Bu yüzden piyasadaki satış fiyatından 1,0397'de işlemi kapattık.

1,0340 ile 1,0397 arasındaki fark 57 pip.

Yukarıdaki pip hesaplama formülünü tekrar kullanarak önce pip değerini standart 1 lot için hesaplayalım.

Standart 1 lot USDCHF için 1 pip = [0,0001 / 1,0397] x $100,000 = $9,61

$9,61 x 57 pip = $547,77.

Burada unutulmaması gereken şey spread ödeyeceğinizdir.

Alış pozisyonu açarken AL fiyatından ve pozisyonu kapatırken de SAT fiyatından işlem yapacaksınız. Dolayısıyla, ALIŞ yaparken spread işleme girdiğiniz zaman ödenir. Döviz çiftini sattığınız zaman da spread, işlemden ALIŞ yapıp pozisyon kapanırken alınır.

Kaldıraç (Leverage)

Forex piyasasında küçük yatırımcıların nasıl işlem yapabildiklerini merak ediyorsanız bu bölümde bunu göreceğiz.

Brokerinizi bir banka gibi değerlendirin ve bu banka size döviz almanız için $100,000 veriyor ve buna karşılık sizden sadece $1000 garanti depozitosu istiyor.

Bu para hâlâ size ait ve sizin brokerinizle açtığınız hesapta duruyor.

Kulağa hoş geliyor. Forex piyasasında kaldıraç aynen bu şekilde işliyor.

Kullandığınız kaldıraç brokerinizin kaldıraç ve sizin risk tahammül seviyelerinize bağlıdır.

Brokerler sizden ilk etapta minimal değerde bir hesap

açmanızı isterler. Bu minimal değere marjin (account margin/margin) denir. Paranızı yatırdıktan sonra işlem yapmaya başlayabilirsiniz. Broker aynı zamanda her pozisyon için ne kadar marjin gerektiğini de belirtir.

Örneğin; her $1,000 için $100,000 değerinde pozisyon açabilirsiniz. Dolayısıyla $10,000 değerinde hesabınız var ise $1,000,000 değerinde pozisyon açabilirsiniz.

Brokerin talep ettiği asgari güvence miktarı (marjin) brokerden brokere değişebilir. Yukarıdaki örnekte standart 1 lot aldık ve marjin ihtiyacı % 1'dir. Dolayısıyla her $100,000 değerinde pozisyon için brokeriniz sizden $1,000 marjin talep edecektir.

Marjin Çağrısı (Margin Call)

Eğer hesap bakiyeniz asgari marjin (usable margin) sınırları altına inerse, brokeriniz bazı ya da bütün pozisyonlarınızı kapatabilir. Bu koşul, hızlı piyasa hareketlerinde bile hesabınızın eksi bakiyeye düşmemesini sağlar.

Marjin kavramını örneklerle açıklamak daha etkili olacaktır.

1. $3,000 değerinde bir hesap açtınız. Bu durumda kullanılabilir marjin (usable margin) $3,000'dır.

Standart 1 lot değerinde $1,000 marjin ile $100,000 değerinde GBPUSD al pozisyonuna girdiniz. Bu durumda kullanılabilir marjininiz $2,000'dır ve bu miktar ile ya yeni pozisyon açabilirsiniz ya da işlem tersine giderse zararınızı muhafaza etmek için kullanabilirsiniz.

Eğer zararınız $2,000 olan kullanılabilir marjin seviyesini aşarsa, brokeriniz marjin çağrısı yapar ve hesabınıza para yatırmanızı talep edebilir.

2. $10,000 değerinde standart bir forex hesabı açtınız. AUDUSD paritesinde $1,000 marjin ile 1 standart lot değerinde pozisyon açtınız. Kullanılabilir marjin başka pozisyon açabilmemiz için kalan bakiyenizdir. Pozisyonu açmadan önce $10,000 değerinde kullanılabilir marjininiz vardı ve $1,000 ile 1 lot değerinde pozisyon açtıktan sonra kullanılabilir marjininiz $9,000 oldu.

Eğer zararınız, kalan $9,000 kullanılabilir marjininizi aşarsa brokeriniz marjin çağrısı yapar.

Kullanılan ve kullanılabilir marjin arasındaki farkı çok iyi bilmeniz gerekir! Eğer hesabınızdaki sermaye, zararlarınızdan dolayı kullanılabilir marjinin altına inerse, ya hesabınıza para yatırmanız gerekecek ya da brokeriniz riskinizi azaltmak ya da sınırlamak için pozisyonlarınızın bazılarını veya hepsini kapatacaktır.

Sonuç olarak, asla hesabınızdaki paradan daha fazlasını kaybedemezsiniz.

Eğer marjin kullanarak işlem yapacaksanız brokerinizin bu konudaki prensiplerini bilmenizde fayda vardır.

Ek olarak; eğer pozisyonlarınızı hafta sonu açık bırakacaksanız bazı brokerlerin hafta sonlarında marjin oranlarını artırabileceklerini bilmelisiniz.

Finansal emtia işlemlerinde marjin çok önemli bir kavramdır ve fazlası tehlikeli olabilir. Önemli olan bu konunun yatırımcı tarafından çok iyi anlaşılmasıdır ve buna göre riskinizi sizin için rahat bir seviyede tutmak kişisel kararınız olacaktır.

Brokerler kaldıraçtan bahsederken ya kaldıraç oranı ya da marjin oranı (bu yüzde olarak ifade edilmesidir) terimlerini kullanırlar:

Kaldıraç oranı genellikle, 1:100 olarak ifade edilse de (Türkiye'de SPK tarafından 1:100 olarak tayin edilmiştir ancak yabancı brokerler hâlâ 1:200, 1:300, 1:400 gibi oranlar sağlamaktadırlar) bazen yüzde olarak da (100 olarak) ifade edilir.

İşlem Emirleri (Trade Orders)

İşlem emri, piyasada nasıl pozisyon açıp kapayacağınızı belirler. Bu bölümde, en çok kullanılan işlem emirlerinin üzerinden geçeceğiz.

Piyasa Emri (Market Order)

Piyasa emri, piyasanın o anki değerinden al ya da sat pozisyonu açmaktır. Örneğin USDCHF'nin şimdiki piyasa fiyatı 1,0311. Diyelim bu dip noktadan uzun gitmek istiyorsunuz. Şimdi, bu işleme girmek ve pozisyon açmak için brokerinizin size sağladığı platformda "AL" (BUY) düğmesine tıklayarak anında pozisyon açmış olursunuz. Elbette alacağınız miktarı önceden tayin etmeniz gerekmektedir.

Limit Emri (Limit Order)

Limit emri, piyasa belli bir fiyata geldiği zaman al/sat pozisyonu açılmasıdır. Bu tür emirlerin hem fiyat hem de zaman faktörleri vardır. Örneğin, şimdi EURUSD 1,5324'te. Eğer fiyat 1,5263'e gelirse satmak istiyoruz. Bu işleme girmenin iki yolu vardır; ya ekran başında piyasanın bu fiyata gelmesini bekleyip piyasa emri vereceksiniz, ya da platformunuza 1,5263'te sat emri verip günlük işlerinizle ilgileneceksiniz. Limit emirleri piyasa sizin belirlediğiniz fiyatlara geldiği zaman platformunuzun otomatik olarak açtığı emirlerdir. Birçok platformda bu işlem emrinin ne kadar süre geçerli olacağını da seçebilirsiniz. Biz "bugün için" seçeneğini tercih edeceğiz ve New York kapanana kadar bu işlem, platformumuzda bekleyen işlem emri (pending order) olarak duracak.

Stop Emri (Stop Loss Order)

Stop emirleri açık bir pozisyona ilişkilendirilen bir limit emridir. Stop emirlerinin amacı, işlemlerin aleyhinize gittiği takdirde sizin tayin ettiğiniz bir fiyatta pozisyonun kapatılmasını sağlamaktır. Stop emirleri, piyasa stop seviyesine geldiği zaman otomatik olarak uygulanır veya siz stopunuzu iptal edebilir ya da değiştirebilirsiniz. Bunu bir örnekle daha iyi anlayabiliriz: Yukarıdaki EURUSD çiftini ele alalım. Diyelim ki fiyat 1,5263'e geldi, benim satış pozisyonum açıldı ve riskimi sınırlamak için bir de 1,5293'e stop emri koydum. Bu demektir ki eğer piyasa fikrini değiştirir de fiyatlar yükselmeye başlarsa, platform otomatik olarak fiyat o seviyeye gelince pozisyonumu kapatır ve zararım 30 pip ile sınırlı olur. Stop emri çok kullanışlıdır ve açık olan bir pozisyonu sürekli ekran başında denetlemeniz gerekmez.

İptale Kadar Geçerli (GTC – Good Till Canceled)

GTC emirleri, siz iptal edene kadar geçerli olarak platformda kalır. Dolayısıyla bu tür bir emir kullanırsanız platformda açık unutmayın, kötü bir sürpriz yaşayabilirsiniz.

Gün İçin Geçerli (Good for the Day)

Bu emir, seans sonuna kadar açık kalır; genelde New York saatiyle 17.00'ye kadar, ama brokerinizle saat konusunu teyit etmenizi öneririz. Eğer pozisyonunuz açılmadıysa emir otomatik olarak iptal olur.

Diğerini İptal (OCO – Order Cancels Other)

OCO emirleri iki limit veya stop emrinin kombinasyonudur. Platforma iki tane fiyat ve zamanı belli limit emri giriyorsunuz. İşlem emirlerinden bir tanesi devreye girince diğeri iptal olur. Eğer fiyatın ne yönde gideceğini kestiremiyorsanız piyasanın iki tarafına da işlem emri koymak için bu emri kullanabilirsiniz.

İşlem emirleri çeşitlerini ve eğer bilmiyorsanız nasıl kullanılacağını, rollover uygulanıp uygulanmadığını brokerinize daima sorun. İşlem emirlerinizi basit tutmak en iyisidir, ne kadar karışık emir verirseniz o kadar hata yapma riski taşırsınız. Gerçek parayla işlem yapmadan önce brokerinizin platformunu yakından tanıyın ve tüm işlem emirlerini nasıl gireceğinizi öğrenin.

İnternet Brokeri Nasıl Seçilir?

Forex piyasasında işlem yapmaya başlamadan önce bir forex brokeriyle hesap açmanız gerekir. Broker, sizin forex piyasasında işlem yapmanıza aracı olacak firmadır. Brokerler sizin yaptığınız işlemlerden para kazanırlar. Genellikle piyasadaki al/sat farkı olarak bilinen spread miktarı brokerin aldığı komisyondur. Bu yüzden spreadleri dar olan bir broker bulmakta fayda vardır.

Piyasada birçok broker bulunmakta ve aralarından hangisinin iyi olup olmadığını seçmek bir hayli zordur. İyi bir broker bulmak biraz araştırma gerektirecektir (brokerlerin verdiği hizmetler, spread farkları vs.). Ancak bu araştırma kesinlikle boşa harcanmış zaman değildir.

Brokeriniz Denetleniyor mu?

Türkiye'de SPK (Sermaye Piyasası Kurulu) forex piyasasını denetlemeye başlamıştır. Bu elbette Türkiye için çok güzel bir gelişmedir çünkü birçok dolandırıcıyı piyasadan kaldırmış durumdadır. Denetimin bir parçası olarak müşteri fonlarının Takas Bank hesabında olması ve aracı kurumun hesabında olmaması da son derece güven verici bir unsurdur.

Türkiye'deki brokerler otomatik olarak SPK denetiminde ama yabancı tüm brokerler değil. Eğer Türkiye dışında bir brokerle çalışıyorsanız, denetlenip denetlenmediğini kontrol edin.

Forex piyasası denetlenmeyen bir piyasa olsa da brokerler finansal aracı kurumlardır ve batılı ülkelerin hepsinde bu kurumlar denetimden geçmek zorundadır. Bazı brokerler IB olarak bilinen Introducing Brokerlerdir ve bu brokerler bağlı bulundukları büyük bir brokerin platformunu sunarlar. Bu tür brokerler genellikle temsilciliğini yaptıkları broker firmalar tarafından denetlenir.

ABD'li brokerler Futures Commission Merchant (FMC) olarak kayıtlı olmak ve NFA üyesi olmak zorundadır. ABD'li brokerlerin kayıtlı olup olmadığını www.nfa.future.org sitesinden öğrenebilirsiniz.

Avrupa Birliği ülkelerinde tüm brokerler denetlenmek zorundadır. Her ülkenin kendi iç denetim mekanizması bulunmaktadır. İngiltere'de Financial Services Authority (FSA), İsviçre'de Swiss Federal Banking Commission ve Federal Department of Finance denetim yapmaktadır. İsviçreli brokerlerin, Crown Forex'in müşteri paralarıyla kaçmasından sonra, banka lisansı alarak işlem yapma zorunlulukları bulunmaktadır. İsviçreli brokerler, İsviçre Bankacılık Komisyonu tarafından denetlenmektedirler.

Müşteri Hizmetleri

Forex piyasası 24 saat işleyen bir piyasadır, dolayısıyla 24 saat destek gerekir!

Brokerinize telefon ve canlı sohbetle her an ulaşabileceğinizden emin olun. Dolayısıyla önce tanıtım hesabı açıp brokerinizin e-postalarınıza ve sorularınıza nasıl cevap verdiğini gözlemleyin.

Platformda herhangi bir sorun olduğu zaman hızlı müdahele edip size bilgi veriyorlar mı? Örneğin şöyle yapabilirsiniz: Beş altı tane broker seçin ve sitelerindeki destek birimleriyle iletişime geçin. Tanıtım hesabı açın ve platformların hepsini sınayın. Eğer sorularınıza, e-postalarınıza vs. zamanında cevap alamıyorsanız ondan vazgeçin.

Sonuç itibariyle bu işe para yatıracaksınız, o yüzden iyi bir broker seçmek için biraz zaman ayırmanızı öneririm. Birçok broker, Türkçe destek vermektedir ancak bu brokerlerin güvenilirliğini araştırmalısınız.

Online İşlem Platformları

Genellikle birçok broker internet tabanlı platform sunuyor. Bu platformları bilgisayarınıza indirmeden hızlı internet bağlantısı olan herhangi bir bilgisayardan kullanabilirsiniz. Kullanımları kolay olsa da dikkat etmeniz gereken en önemli konu işleme giriş ve çıkış emirleridir. Platformda işlem emirlerini çok iyi bilmeniz ve platformu iyi tanımanız gerekmektedir.

Platformunuzda tüm fiyatları canlı olarak görebildiğinizden emin olun ve birkaç platformu fiyat açısından kıyaslayın. Platformda bakiyenizi, kâr/zarar durumunuzu, kullanılabilir marjin ve açık pozisyonlardaki marjin durumunuzu görebilmeniz lazım.

Eğer bilgisayarınıza platform yüklediyseniz, o zaman, benim gibi gün içerisinde dizüstü bilgisayarınızı yanınızda taşımanız gerekebilir. Genelde yüklenebilir platformlarda teknik analiz araçları daha iyi ve hızlıdır. Sanırım bu fark, gelişen teknoljiyle birlikte yakında yeni internet tabanlı platformlarda kapatılacaktır. Eğer Apple Mac bilgisayarınız varsa bilgisayarınıza yükleyebileceğiniz platfom seçenekleri çok az olacaktır. Eğer Mac kullanıyorsanız internet tabanlı işlem platformları dışında fazla bir seçeneğiniz yok.

Genel olarak, fiyatları ve hesabınızı her an canlı görebileceğiniz, teknik analiz yapabileceğiniz grafik ve çizelge fonksiyonları olan pratik bir platfoma ihtiyacınız var.

Hızlı İnternet Bağlantısı

Forex işlemleriniz için hangi platformu seçecek olursanız olun, hızlı internete ihtiyacınız olacaktır. Piyasa, gün içerisinde çok hızlı hareket eder ve grafiklerde analiz yaparken piyasanın arkasından gidemezsiniz. Tam tersine önünden gitmeniz gerekir.

Hızlı internetiniz yoksa bu piyasaya girmeyin bile!

Mini Hesap

Artık birçok broker mini hesap adında birkaç yüz dolarla hesap açmanıza olanak tanıyor. Aslında bu tür hesaplar kendinizi denemeniz için iyi bir fırsat ama sadece denemek ve tecrübe için iyi! Bu tür miktarlarla bu piyasada para kazanılmaz.

Brokerlerin Uygulamaları

Brokerlerle gerçek bir hesap açmadan önce aşağıdaki konuları incelemeniz faydalı olacaktır:

Sunulan finansal araçlar: Eğer Türk lirasıyla işlem yapacaksanız, o zaman, önce brokerinizin bu pariteyi verdiğinden emin olun. Birçok broker, artık işlem yapılan en popüler çiftleri sunuyor ama yine de hangi çiftlerin olup olmadığına bakmak sonradan broker değiştirme zahmetinden kurtarabilir.

Forex döviz anlamına gelse de, forex brokerleri artık müşterilerine değerli metaller, endeksler, hisse senetleri ve diğer finansal araçlarda da işlem yapma fırsatları sunmaktadırlar.

İşlem masrafları: İşlem masrafları pip olarak hesaplanır. Brokeriniz için ne kadar az pip öderseniz o kadar iyi demektir. Eğer brokerleri kıyaslarsanız aralarındaki farkı bariz şekilde görürsünüz. Normalde EURUSD 3 pip spread ile işlem görüyor ama 2 veya 1 pip bile bulabilirsiniz.

Gerekli marjin: Marjin ihtiyacı ne kadar düşük olursa (yani kaldıraç oranı ne kadar yüksek olursa), hem kazanç "hem de zarar" miktarı o kadar yüksek olur. Marjin imtiyazı forex piyasasında bu aralar % 0,25 - % 1 arasındadır (kaldıraç oranları 1:400 – 1:100 arasında). Bu durumda kişinin biraz aklıselim olması lazım, eğer işlemleriniz başarılıysa düşük marjinden (yüksek kaldıraçtan) faydalanmalısınız.

Asgari işlem miktarı: Daha önce lot konusuna değinmiştik. Lot miktarları brokerden brokere değişebilir; $1,000, $10,000, $100,000 gibi olabilir. Bazı brokerler kendi lot boyutunuzu oluşturmanızı da sağlayabilir.

Gün aşımı faiz (Rollover): Faiz oranları merkez bankaları tarafından tayin edilir ve işlem yaptığınız döviz birimlerinin arasındaki net fark, günlük olarak hesaplanır ve fark, ya faiz masrafı ya da faiz geliri olarak hesabınıza işlenir. İki para birimi arasındaki faiz farkı ne kadar çok olursa faiz masrafı/geliri o kadar fazla olur. Eğer faiz masrafı veya kazancı istemiyorsanız, brokerlere İslami hesap olup olmadığını sorabilirsiniz. Artık birçok broker İslami hesap olanağı sunmaktadır.

İşlem saatleri: Forex piyasası, pazartesi günü Sidney, Avustralya saatiyle sabah 8.30'da başlar ve cuma akşamı New York saatiyle saat 17.00'de biter.

Brokerinizle hesap açmadan önce anlaşmaları iyice okuduğunuzdan emin olun. İyi bir broker bulmak, forex piyasasında başarınızın temel taşlarından bir tanesidir. Karşınıza ilk çıkan brokere hesap açtırmayın. Araştırın!

Sonuç olarak broker seçerken şunlara dikkat edilmeli!

1. **Düşük spreadler.**
2. **Asgari miktarlarla hesap açma olanağı.**
3. **Platformda gecikmeden canlı fiyatlarla anında işlem yapabilme olanağı.**
4. **Bedava grafik ve teknik analiz araçları.**

5. **Hızlı ve iyi hizmet, Türkçe destek ekibi var mı?**
6. **Kaldıraç.**
7. **Denetleniyor mu?**

İnternet Üzerinden Broker Hesabı Açmak

Brokerlerle hesap açmak için yapmanız gereken şeyler:

1. Hesap türünü seçin.
2. İnternet sitesinden kayıt yaptırın.
3. Hesabınızı aktifleştirin.
4. Hesabınızı teyit edin.

Daha önce de önerdiğim gibi birkaç farklı brokerle tanıtım hesabı açıp birkaç platform deneyebilirsiniz. Ondan sonra, platform ve hizmet olarak rahat ettiğiniz bir brokerle gerçek hesap açabilirsiniz. Acele etmeyin ve sormak istediğiniz her şeyi brokerinize sorun.

Türkiye'deki brokerler SPK denetimine tabi olduklarından internet üzerinden hesap açmanız yeterli değerlidir; imzalı bir sözleşme ile hesap açmanız gerekecektir.

Hesap Türü

Bireysel ya da kurumsal hesap açabilirsiniz. Yatırdığınız miktara göre de hesap çeşitleri vardır. İsterseniz standart bir hesap, isterseniz mini hesap açabilirsiniz. İlk etapta denemek ve yaşamak için mini hesap kullanmanızı öneririm.

Kayıt (Yurtdışı Brokerler İçin Geçerli)

Kaydınızı internetten yaptırdıktan sonra, brokeriniz bazı belgeler isteyecektir. Genellikle kimlik fotokopileri, eğer kredi kartıyla para yatırdıysanız kredi kartınızın fotokopisini (bunu verirken kredi kartınızın önündeki ilk on iki rakamın üzerinden siyah kalemle geçebilirsiniz) ve adınıza fatura örneği gibi kimlik teyit eden belgeler.

Hesap Aktifleştirmek

Kayıt yaptıktan sonra brokeriniz e-posta adresinize bir teyit e-postası ile hesabınızı aktifleştirmek için size gerekli talimatı gönderecektir.

Hesap Teyidi

Brokeriniz kullanıcı adınızı ve şifrenizi size e-posta ile gönderecektir. Bu bilgilerle hesabınıza giriş yapabilir ve para yatırabilirsiniz.

Ve... Şimdi işlem yapmaya hazırsınız değil mi? Hadi, gidip biraz para kazanalım.

Forex piyasasında işlem yapmadan önce piyasanın analizi konusunda bir eğitim almanızı kesinlikle öneririm!

- Teknik analiz
- Trader psikolojisi
- Para yönetimi

Bu üç konuya hâkim olup anlamadan forex piyasasına girip para kazanacağınızı sakın sanmayın.

Forex piyasasında işlem yapmak için planlı bir strateji dâhilinde disiplinli çalışmanız gerekir.

Bunu yapamazsanız TÜM PARANIZI KAYBEDERSİNİZ!

Paranızı Kaybetmeden Önce Kendinizi Koruyun

Öncelikle, forex piyasasının gerçeklerini açıkça aktarmak istiyorum. Forex piyasasında işlem yapmadan önce aşağıdaki konuları göz önünde bulundurun:

1. Finansal ürünler işlemleri yapan bütün traderlar dönem dönem para kaybeder! İstisnasız! İnsanlar genellikle plansız ve programsız işlem yaptıkları için kaybederler. Bugün forex piyasasına bakacak olursak çoğunluk kaybediyor ve Avustralya'daki hocamın da bana söylediğini size aktarmak istiyorum: "Bu işte başarılı olmak istiyorsan, kaybetmeye alışsan iyi edersin".

İyi bir forex traderı, her zaman strateji ve plan dâhilinde işlem yapar. Stratejisine para yönetimi ve psikoloji dâhildir.

2. Forex piyasası, parası olmayan insanlar için değildir! Eğer maddi durumunuz iyi değilse, geliriniz az ise o zaman bu piyasada işiniz yok! Bana birçok insan forex piyasasında **iyi bir hesapla başlamak için** ne kadar para ayırmam lazım diye soruyor. Eğer mini hesap açacaksanız asgari $5,000 ve standart hesap açacaksanız $50,000 gerekmektedir.

Böyle bir hesabı açmadan önce de iyi bir eğitim ve tanıtım hesabıyla en az üç beş ay istikrarlı strateji denemesi yapmalı ve istikrarlı para kazandığınızı gördükten sonra bu boyutta canlı bir hesap açmalısınız.

Sanmayın ki birkaç yüz dolarla hesap açtıktan sonra para kazanmaya başlayacaksınız.

Forex piyasası spekülasyon yapılarak para kazanılan en popüler piyasadır çünkü devasadır, likittir ve dövizler hızlı ve güzel trendler yapabilir. Ama başarılı olanlar çok azdır.

Yatırımcılar bu piyasada çok para kazanabileceğini düşünerek işlem yapmaya başlıyor ama işlem yapmak için gerekli psikoloji ve disipline sahip değiller.

Forex işlemleri amatörce bir oyun değildir ve nadiren bu piyasada çok para kazanan insanlar olur. Birçok insan bu piyasada stratejisiz işlem yapıp para kazanmayı ummaktadır. Bu tür işlemler forex işlemleri değildir, "kumardır!"

Forex piyasasında işlem yapmak için becerinizi geliştirmeniz gerekir ve bu, zaman alır. Sadece sözlükte "başarı" kelimesi "çalışmak" kelimesinden önce gelir.

Birçok internet sitesinde forex piyasasında işlem yapmanın ne kadar kolay olduğu yazıyor, böyle olsaydı herkes milyoner olurdu. İşin açıkçası tecrübeli traderlar bile dönemsel olarak zarar yaşarlar. Bu tür dönemleri, Ocak ve Şubat 2008 tarihlerinde ben de geçirdim. Şunu anlamak lazım ki bu işte kestirme diye bir şey yoktur ve usta olmak zaman alacaktır.

Bol bol demo hesaplarda alıştırma yapın. Ne kadar kaybedebileceğinizi görün. Demo hesapta para kazanamıyorsanız gerçek hesapta kazanacağınızı sanmayın. Çünkü gerçek parayla işlem yapmaya başladığınız zaman göreceksiniz ki psikolojiniz tümüyle değişmiş.

Başlarken

Forex piyasasında işlem yapmaya başlarken ilk başta sadece bir pariteye odaklanın! Örneğin EURUSD. Spreadler dardır ve her an alıp satabilirsiniz.

Elbette forex piyasasında başarılı olabilirsiniz. Ama bu iş, hayattaki diğer işlerden farklı değil. Çok çalışmak, iyi analizler yapmak, disiplini sağlamak ve sürekli kendini geliştirmek gerekir.

Forex Piyasasının Risklerini Bilin

Konu, kendinizi korumaktan açılmışken forex piyasası ile ilgili gerçekçi riskleri burada bildirmekte fayda var. Herhangi bir finansal emtia piyasasından farksızdır. Bu şu demektir: Son derece risklidir, hatta en hareketli piyasalardan bir tanesidir ve bu piyasada başarılı olabilmek için gerçekten sabır ve disiplin gerekmektedir.

Kitabın ilerleyen bölümlerinde para yönetimi, geri test, psikoloji gibi kavramlara yer verilmektedir. Bu konuları hafife almak gibi bir hatayı yapmamanızı öneririm çünkü bu piyasada var olmanızı teknik analiz değil, para yönetimi ve psikolojiniz tayin edecek.

Bu kısımda birkaç temel tavsiyemi aktarmak isterim, sadece duyan kulaklara:

• Piyasaya kaybetmeyi göze alamayacağınız parayla girmeyin! Çünkü onu kaybedeceksiniz, bu birinci kural. Elbette kimsenin sokağa atacak parası yok, o zaman bu piyasaya girmeyin!

• Eğer kalbiniz hassas ise, piyasanın oynaklığı sizi ekrana zincirliyorsa, bu piyasa, size göre değil demektir. Lütfen hayatı kendinize zindan etmeyin, buna gerçekten değmez.

• Bu piyasa maddi durumu yerinde olan kişiler içindir, eğer maddi durumunuz iyi değilse ekstra paranızla evinize pirinç stoklamanızı öneririm çünkü gıda fiyatları önümüzdeki yıllarda çok artacak!

• Bu piyasada başarı oranı % 5'tir. Bu şu demek: Forex traderlarının en az % 95'i başarısızdır!

• Piyasada yeni türeyen, "Forexçi" adı altındaki arkadaşlara dikkat edin! Bu piyasaya parasını kaptıran birçok insan var ve dolandırıcıların az yatırımla çok getiri, bir ayda paranızı ikiye katlamak gibi saçmalıklarına inanmayın. Dünyanın neresinde böyle bir saçmalığa şahit oldunuz ki? Her yıl, ABD ve Avrupa dâhil olmak üzere birçok ülkede, bu tür dolandırıcılıklara yakalanan insanlar var, bunlara dâhil olup olmamak sizin elinizde.

- Piyasada otomatik işlem, bilgisayar yazılımları (özellikle Meta Trader 4 için otomatik işlem yazılımları) bulunmaktadır. Bu tür programlara dikkat edin! Öyle bir sistemden para kazanan bir insan neden sizinle paylaşsın ki, oturup bütün gün kendisi para kazanır. Bu tür sistemler size kazanç sağlasa bile, bu kazanç, kısa vadelidir. Finansal emtia piyasaları her zaman hareketlidir, sürekli değişime uğrar ve ne olacağı belli olmaz.

2. BÖLÜM
PİYASA ANALİZİ

Forex eğitimi yeni başlayan herkes için bir gerekliliktir. Bu kitapta başarılı bir forex traderı olabilmeniz için gerekli tüm bilgiler yer almaktadır. Başarılı bir traderın yapması gereken üç şey vardır:

1. Para kazanmak
2. Muhafaza etmek
3. Tekrar etmek

Eğer bu üç basamağı sürekli tekrar edebilirseniz bu piyasada varolabilirsiniz.

İki Çeşit Analiz: Temel Analiz ve Teknik Analiz

Forex piyasasında iki çeşit analiz yaklaşımı vardır: Temel Analiz ve Teknik Analiz. Genelde, analistler de bu şekilde ikiye ayrılır ama forex piyasasında biz, ikisini bir araya getireceğiz. Önce, ikisini de tanımlayalım.

Temel Analiz

Piyasadaki arz ve talebi analiz ederken ekonomik, sosyal ve politik veriler incelenir. Şöyle de diyebiliriz: Hangi ülkenin ekonomisinin iyi, hangi ülkenin ekonomisinin kötü olduğuna bakmamız lazım. Bu analizin temeli şudur:

Kimin ekonomisi daha iyiyse para birimi daha değerli olur. Bunun nedeni, ekonomisi iyi olan bir ülkenin para birimine olan güvenin de artmasıdır.

Para piyasasında fiyatlar makroekonomik faktörlerden etkilenir, örneğin işsizlik oranları, ulusal üretim değerleri ve enflasyon gibi. Gelişen olaylardan haberdar olmak, teknoloji sayesinde artık son derece kolay. Birçok platformda ekonomik ve politik haberleri anında ekranınızdan izleyebilirsiniz.

Para piyasasında işlem yapan birinin analizini yaparken dikkat etmesi gereken üç makroekonomik faktör vardır:

Faiz oranları: Her döviz cinsinin gecelik borç oranı vardır. Bu oran o ülkenin merkez bankası tarafından tayin edilir. Düşük faiz oranları genellikle o para biriminin değer kaybetmesine neden olur. Bunun nedeni, piyasada "işlem taşıma" (carry trade) denilen bir faaliyet olmasıdır. Düşük faiz oranı olan para birimi satılır ve yüksek faiz veren para birimi alınır. Yüksek faiz oranlı para birimlerinin genel olarak değeri artar, varsayımından kaynaklanan bir işlemdir ve bankacıların ekleme adı verdikleri "rollover" işlemiyle pozisyonların günlük faiz kazanmasıdır.

İşsizlik oranları: İşsizlik oranları ekonomik gücün göstergesidir. Eğer işsizlik oranı yüksek ise ekonomi iş sağlayacak kadar güçlü değil demektir, dolayısıyla o ülkenin para biriminin zayıflamasına neden olur.

Jeopolitik olaylar: Önemli küresel olaylar sadece para piyasasını değil, ama tüm piyasaları etkilemektedir. Örneğin ABD ekonomisi bu aralar geriliyor ve faizleri düşürdüler, dolayısıyla USD değer kaybediyor.

Kitabın "Ekler" bölümünde hangi paritelerin hangi ekonomik koşullardan etkilendiği bulunmaktadır. Şimdilik temel analizin ne olduğunu kavramamız yeterli.

Teknik Analiz

Teknik analiz, fiyat hareketlerinin çalışılmasıdır ve bunu yapmanın tek yolu da grafiklerdir. Grafikler incelenirken geçmiş fiyatlar analiz edilir ve geçmişteki hareketlere göre fiyatların ne yönde gideceğini ve hangi seviyeye gelebileceğini hesaplayabilirsiniz. Grafiklerde yapılan analizlerle kişi trendleri ve fiyat hareket şekillerini görerek işlem fırsatlarını tayin edebilir.

Teknik analizde en önemli faktörlerden birisi "trend"dir. Teknik analiz, bize fiyatların genel olarak gidiş yönünü fiyatlar henüz oraya gelmeden gösterebilir ve işlemi önceden planlayabiliriz.

Teknik analizin önemi burada devreye giriyor. Fiyatın hareket edebileceği olasılıkları önceden hesaplayabilmeliyiz ki açacağımız pozisyonu A'dan Z'ye planladıktan sonra girelim.

Temel Analiz mi, Teknik Analiz mi?

İkisi de! Forex işlemlerimizde iki tür analizi de kullanacağız.

Önemli olan, başarılı olabilmek için temel analizde neleri ve teknik analizde hangi araçları kullanacağımızı bilmemiz.

Bu iki koşulu bir araya getirebilirseniz sürekli, istikrarlı ve başarılı işlemler yapabilirsiniz.

Hadi başlayalım...

Çizelge Çeşitleri

En çok kullanılan çizelgeler:

1. Çizgi Grafiği (Line Chart)
2. Çubuk Barlar (Bar Chart)
3. Mum Barlar (Candlestick Chart)

Çizgi Grafiği

Kapanış fiyatlarını birleştirerek çizilen grafiktir. Kapanış fiyatlarını birleştirerek oluşturulan bu çizelge, fiyat hareketlerini net olarak göstermektedir. Aşağıda bunun bir örneği bulunmaktadır.

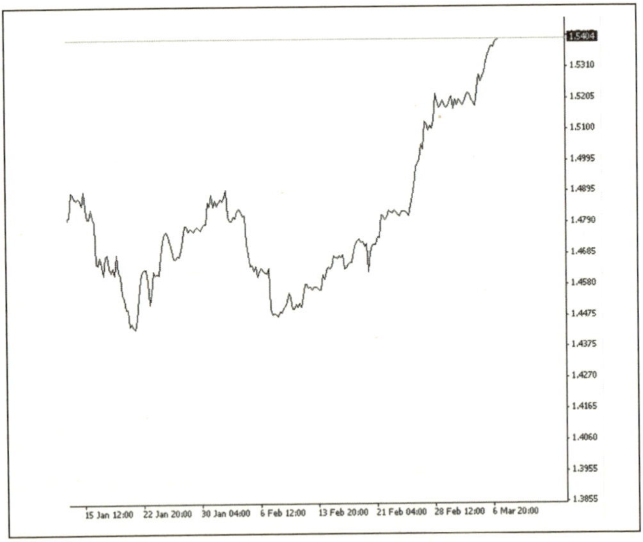

Çubuk Barlar

Çubuk barlar; açılış, kapanış, en yüksek ve en düşük fiyatları gösterirler.

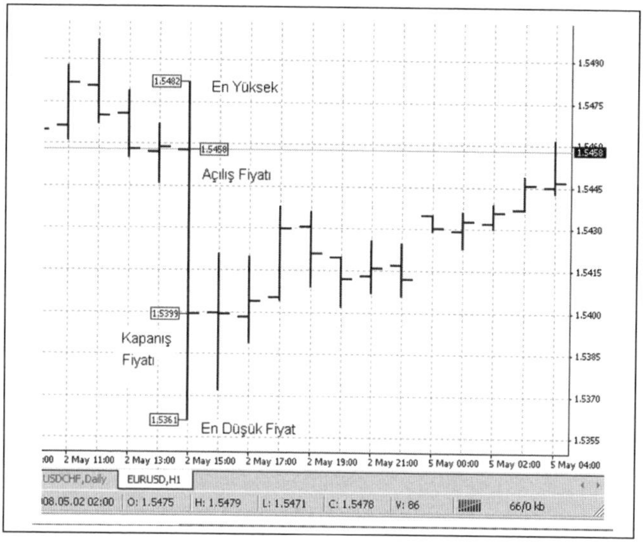

Bar dediğimiz zaman, kullandığımız belli bir zaman diliminden bahsediyoruz. Örneğin yukarıdaki çizelge, 4 saatlik EURUSD çizelgesidir. Her bar, 4 saatlik bir zaman dilimini ifade ediyor ve o zaman dilimi içerisinde fiyatla ilgili bize bilgi veriyor.

Yukarıdaki çubuk bara bir göz atalım.

Barın sol tarafındaki yatay çizgi, açılış fiyatı ve barın sağ tarafındaki yatay çizgi, kapanış fiyatıdır. En üst nokta, 4 saatlik zaman periyodunda geldiği en yüksek fiyat ve en alt nokta, 4 saatlik zaman periyodunda geldiği en düşük fiyattır.

Japon Mum Barları

Mum barlar, çubuk barların gösterdiği aynı bilgiyi gösterir, tek fark görünümleridir.

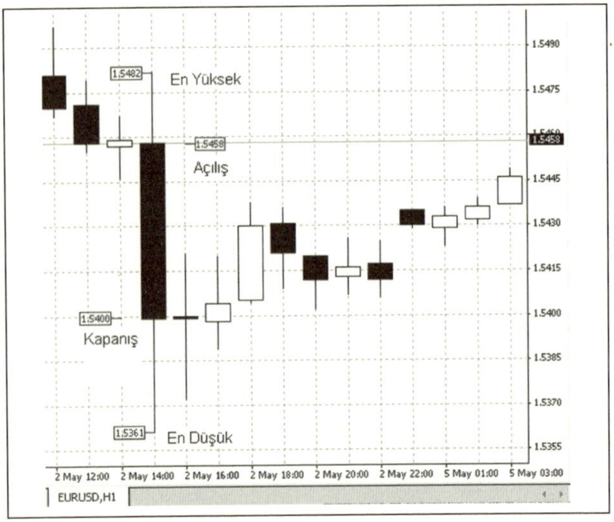

Yukarıda gördüğünüz mum barlar, çubuk barlarının aynısıdır. Yaptığım tek şey, platformda görüntüyü mum bara çevirmektir, o kadar!

Birçok grafikte renkleri ayarlayabilirsiniz. Bu çizelgede beyaz barlar, kapanış fiyatının açılış fiyatının üzerinde ve siyah barlar da kapanış fiyatının açılış fiyatının altında olduğunun bir göstergesidir. Barları renklendirerek görmek fiyatların ne yönde hareket ettiğini biraz daha netleştirir ve birçok platformda renkleri ayarlayabilirsiniz.

Mum barları kullanmak, sadece kişisel bir tercihtir. Mum çizelgelerinin avantajları:

1. Çizelgelere bakmak ve analiz etmek açısından daha kolay bir görüntü.

2. Kullanımı kolay ve gözleriniz bu barlara çabuk alışır.

3. Mum barlar, teknik analizde şekilleriyle de analiz edilir. Mum bar şekilleri, fiyatların ne yönde gideceğine dair güzel işaretler verebilir ve birçok teknik analist mum bar formasyonlarını kullanarak işlem pozisyonu açar.

Mum Bar Şekilleri

Aşağıda bir dizi mum bar şekli var. Bu şekiller, sık sık çizelgelerde oluşur ve piyasanın ne yönde gideceğine dair güzel işaretler verirler.

Düşen Şekiller

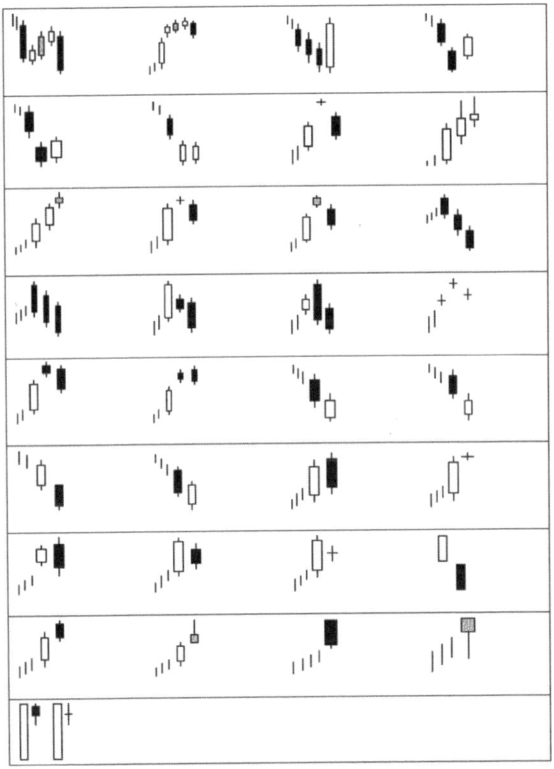

Yükselen Şekiller

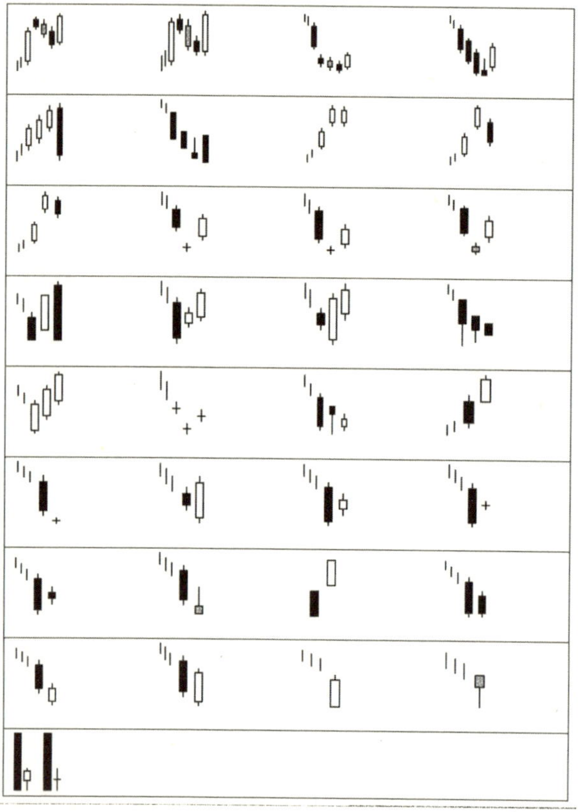

Destek (Support) ve Direnç (Resistance), Trend Çizgileri (Trend Lines) ve Kanallar (Channels)

Destek ve direnç teknik analizde en sık kullanılan kavramlardan biridir. İşin ilginç yanı herkesin kendisine göre bir destek ve direnç seviyesi olmasıdır.

O yüzden temellerle başlayalım.

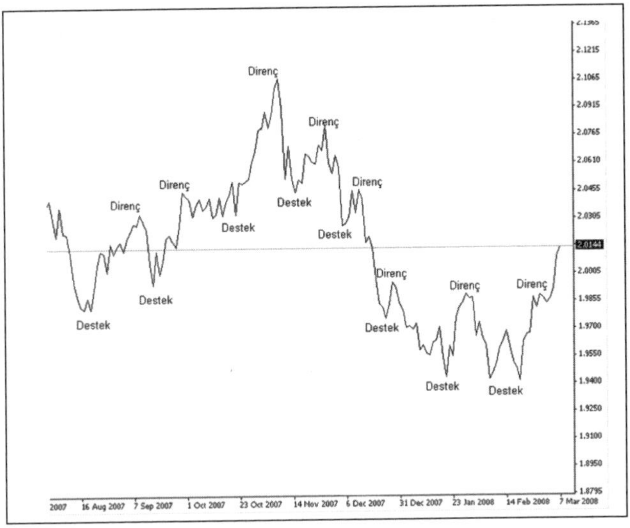

Yukarıdaki resimde GBPUSD'nin günlük tablosunu görüyorsunuz. Çizgi grafiğinde Ağustos 2007 tarihinden 7 Mart 2008 tarihine kadar fiyat hareketlerini görebilirsiniz.

Gördüğünüz gibi fiyatlar zikzak çizerek hareket ediyor. Yukarıda ekim ayının sonuna kadar fiyatlar yükseliyor (Boğa Piyasası) ve sonra düşmeye başlıyor (Ayı Piyasası). Bu çizelgeyi seçmemin nedeni hem yükselişi hem de düşüşü görüp iki koşulda da destek ve direnç seviyelerini net olarak fark etmektir.

Fiyatlar yükselir, geri kayarlar ve geri kaymaya başladığı nokta direnç seviyesi olur. Trend yükselişteyse geri kaydığı noktadan tekrar yükselmeye başladığı seviye destek olur. Bunun tam tersi piyasa düşmeye başladığında yaşanır.

Hatırlamamız gereken iki önemli faktör:

1. Fiyatlar direnç seviyelerini aşarlarsa o direnç seviyesi artık destek seviyesi olur.

2. Fiyat aynı direnç ya da destek seviyesini ne kadar test ederse ve o seviyeyi kıramazsa, o zaman, o fiyat seviyesi, o kadar güçlü bir direnç veya destek olur.

Önceki sayfadaki çizelgeyi çizgi grafiği olarak gösterdim ki daha anlaşılır olsun. Şimdi bir de aynı grafiğe mum barları şekliyle bakalım.

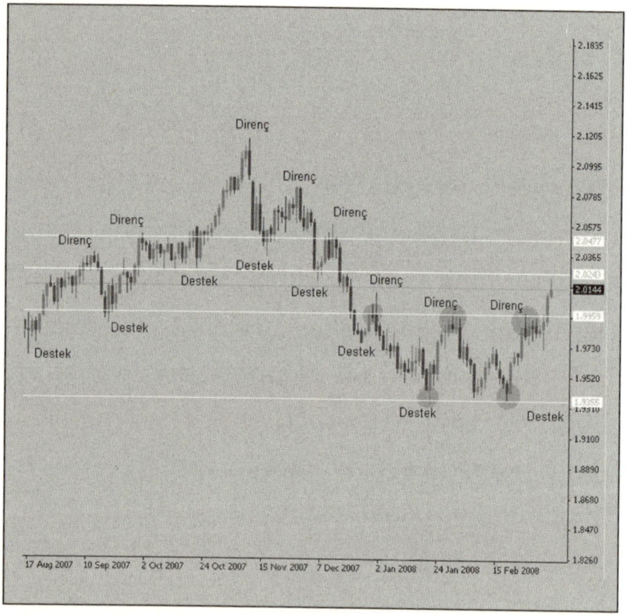

Grafikteki çizgilerin geçmişten son zamana kadar nasıl aynı yerlerde destek ve direnç seviyeleri oluşturduğu net bir şekilde görülüyor.

Trend Çizgileri

Trend çizgileri teknik analizde en çok kullanılan araçlardan bir tanesi olmasına rağmen, aynı zamanda, insanların en az faydalandığı araçtır.

Eğer doğru trend çizgisi çizmeyi öğrenirseniz son derece etkili bir araç olur. Maalesef trend çizgilerini birçok insan yanlış çizmektedir.

Yükselen trendlerde trend çizgisi, net olarak gördüğümüz en az iki destek noktasının birleştirilmesiyle çizilir. Düşüş trendlerinde de net olarak gördüğümüz iki destek noktasının birleştirilmesiyle olur.

Aynı grafiği bir de trend çizgileriyle inceleyelim.

Genellikle trend çizgisi çizerken piyasayı çizgiye uydurmaya çalışırlar, çizgiyi piyasaya değil. Net olarak destek seviyelerini görmeden ve en az iki nokta olmadan trend çizgisi çizemezsiniz.

Hadi biraz çizelim!

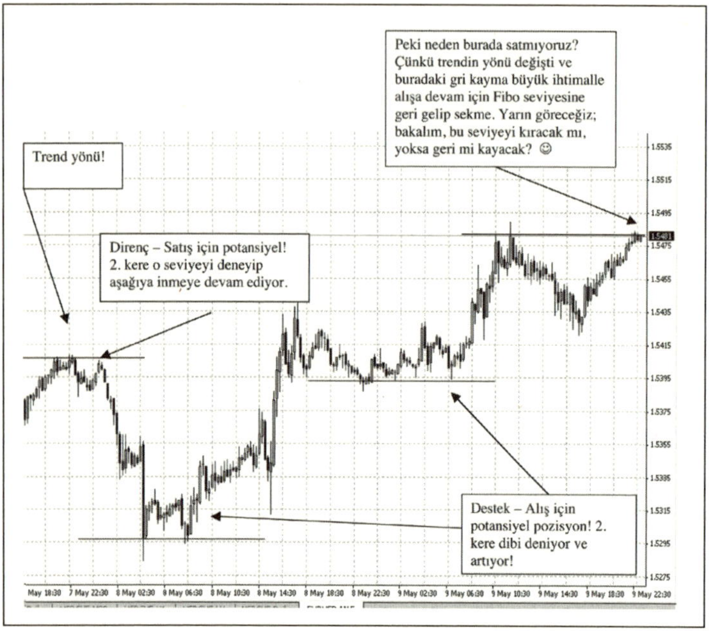

Kanallar

Kanallar aynı trend line metoduyla çizilir. Tek fark, trendin hem altından giden destek hem de yukarıdan giden direnç noktalarının birleştirilmesidir.

Yükselen trendlerde çizdiğiniz trende paralel olarak bir çizgi daha ekleyin, bu paralel çizgi direnç noktalarını birleştirmelidir.

Yükselen trendlerde fiyatlar, kanalın aşağısına vurduğu zaman bu seviye alış için kullanılabilir. Aynı prensip, düşen trendler ve yan giden trendler için de geçerlidir.

Aşağıda USDCHF grafiğini 4 saatlik bar çizelgesinde görüyorsunuz. Kanalları doğru tayin edersek sadece alış ve satış noktalarını değil, aynı zamanda stop ve hedef noktalarını da belirleyebiliriz. Böylelikle, işleme girmeden önce nerede girip nerede çıkacağımızı, hangi seviyeye stop koyacağımızı ve risk getiri oranımızı bilebiliriz. Stratejinizde tüm bunlar işleme girmeden önce belirlenmelidir. Asla, ama asla "Allah'ına kurban işleme girmiyoruz!" Bu konu strateji bölümünde anlatılacaktır.

Kanallar son derece kullanışlı araçlardır ve iyi kullanmayı bilirseniz işinizi hem kolaylaştırır hem de yüksek olasılıklı işlemleri almanıza ve kazanç sağlamanıza yardımcı olur.

Kanal Uygulamaları Örnekleri: İki Basit Prensip!

1. Fiyatlar, iki paralel çizgi arasında trend gösterdikleri zaman bir kanal oluştururlar.

2. Fiyatlar, alt trend çizgisine geldiği zaman, bu alan alış yapmak için kullanılabilir ve fiyatlar üst trend çizgisine vurduğu zaman, bu nokta satış noktası olarak kullanılabilir.

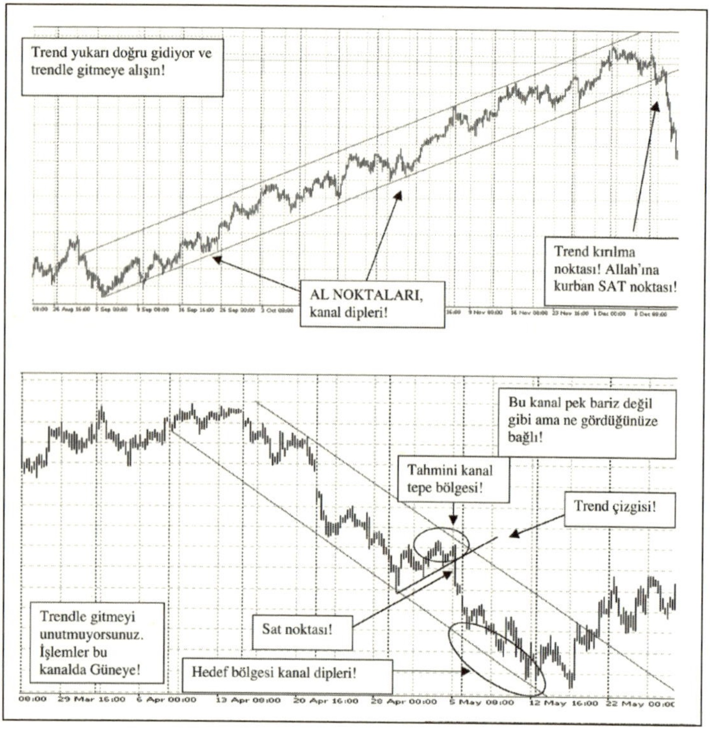

Fibonacci

Fibonacci seviyeleri teknik analizde çok sık kullanılır ve benim her analizimde yer alır. Fibonacci hayli derin bir konudur ancak biz teknik analiz için nasıl kullanacağımızı öğrenip konunun tarihsel ve felsefi yanına girmeyeceğiz.

Bilmemiz gereken iki temel şey vardır:

1. Fibonacci (Leonardo Fibonacci), İtalyan bir matematikçi idi. 13. yüzyılda yaşayan Fibo (kısaca) doğada bazı oranlar olduğunu keşfetti ve bunların bir dizi oluşturduğunu kanıtladı: 1, 2, 3, 5, 8, 13, 21, 34…

Bu dizi sayıda, ilk iki sayıyı toplayarak bir sonraki rakamı elde ediyorsunuz: 1+2=3, 2+3=5 vs.

Buna ek olarak da bir sayıyı bir sonrakine bölerseniz hep aynı oranı bulursunuz: 2/5 = 3/8 = 5/13 vs.

2. Aynı oranların fiyat hareketlerinde de oluştuğunu gözlemleyen teknik analistler de bu oranları fiyat geri kayma ve fiyat ilerleme oranları olarak kullanıyorlar.

Fiyat geri kayma oranları: 0,236 – 0,382 – 0,500 – 0,618 – 0,786

Bu oranlar, destek ve direnç seviyeleri için kullanılır.

Fiyat ilerleme oranları: 0 – 0,382 – 0,618 – 1 – 1,382 – 1,618

Bu oranlar, fiyat hedefleri tayin etmek içindir. Fiyatlar bu seviyelere geldikçe kâr almak, stop yakınlaştırmak, pozisyon eklemek gibi kararlar verebilirsiniz.

Bunların nasıl hesaplanacağını bilmemiz gerekmiyor, sadece nasıl kullanacağımızı bilmemiz lazım. Birçok platform size bunları kullanma fırsatı verecektir. Eğer kullandığınız platformda teknik araçlar yoksa brokerinizi değiştirin!

Birçok analist bu rakamlara dikkat eder ve fiyatlar bu seviyelere gelince işlem emri verir. Bu seviyeleri gözlemler ve stratejinize adapte ederseniz çok faydalanırsınız. Ben hedeflerimi ve geri kayma seviyelerini tayin ederken her zaman bu rakamlardan faydalanırım.

Fibonacci Seviyeleri

Temel prensip: "Trend yukarı giderken veya aşağı inerken" trendi izlemek için geri kayma seviyesinde AL/SAT pozisyonu açarak trende katılmaktır.

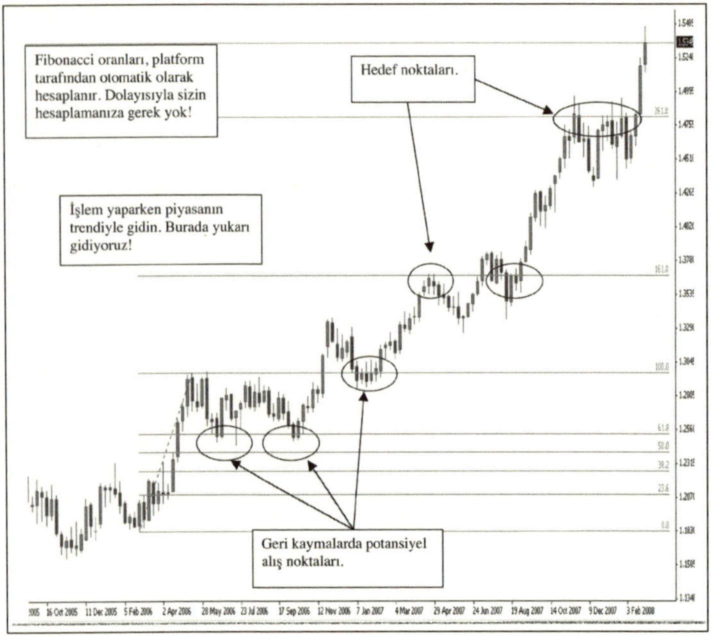

Yukarıdaki EURUSD haftalık çizelgesinde yükseliş trendini görüyorsunuz. Fiyatların nasıl Fibo seviyelerinde destek ve direnç bulduklarını dairelere bakarak görebilirsiniz. Bu oranları tüm zaman dilimleri için kullanabilirsiniz. Eğer gün içi işlem yapıyorsanız saatlik veya dört saatlik çizelgelerde de geçerlidir, yani her zaman diliminde kullanabilirsiniz.

Fibo'da geri kaymalarda en önemli seviyeler 61,8–50–38,2 oranlarıdır. Fiyatlar, trendlerde genellikle bu seviyelerden seker. Eğer daha aşağı inerse, bu trend, genelde zayıf bir trend olarak nitelendirilir ve piyasa o seviyelerde yan gitmeye daha fazla eğilimli olabilir. Hedeflerimiz ise 1,382 – 1,618 ve güçlü trendlerde 261,8'e kadar gelebilir.

Fibo ile işlem yaparken fiyatların tam olarak hangi seviyeye geri kayacağını ve oradan nasıl devam edeceğini bilmek zor olabilir, bu yüzden teknik analiz yaparken diğer teknik analiz araçlarından da faydalanmak ek bir güven için gerekli olabilir.

Fibo örneğimize bir de düşüş trendi ekleyelim.

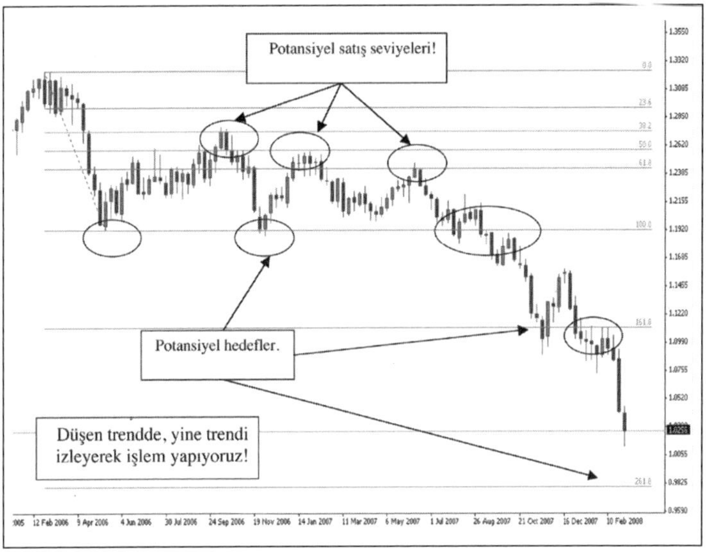

Yukarıda USDCHF çiftinin haftalık çizelgesini inceliyoruz. Tekrar dairelere bakacak olursak fiyatların nasıl Fibo seviyelerine geldiklerini ve dirençle karşılaşıp geri kaydıklarını sonra da 100 seviyesini kırıp hedefe ulaştığını görebilirsiniz.

Fibo seviyelerinde önemli olan, iki üst ve alt noktanın nasıl tayin edileceğidir. Bunun için basit bir teknik kullanabilirsiniz: Dönüm noktaları (swing points).

Dönüm noktaları, trendin başladığı seviyelerde bir barın hem sağında hem de solunda daha düşük iki tane bar olmasıdır. Aşağıda, GBPJPY çiftinin haftalık grafiği var. Trend bir düşüş sergiliyor. Yukarıdaki dönüm noktasının hem sağ tarafında hem de sol tarafında iki adet daha düşük bar bulunmakta ve aynı şey aşağıdaki dönüm noktası için de geçerlidir. Bu tür bir durumla karşılaştığınız zaman Fibo çizgilerini çizebilir ve düşüş trendini takip etmek için giriş pozisyonu arayabilirsiniz.

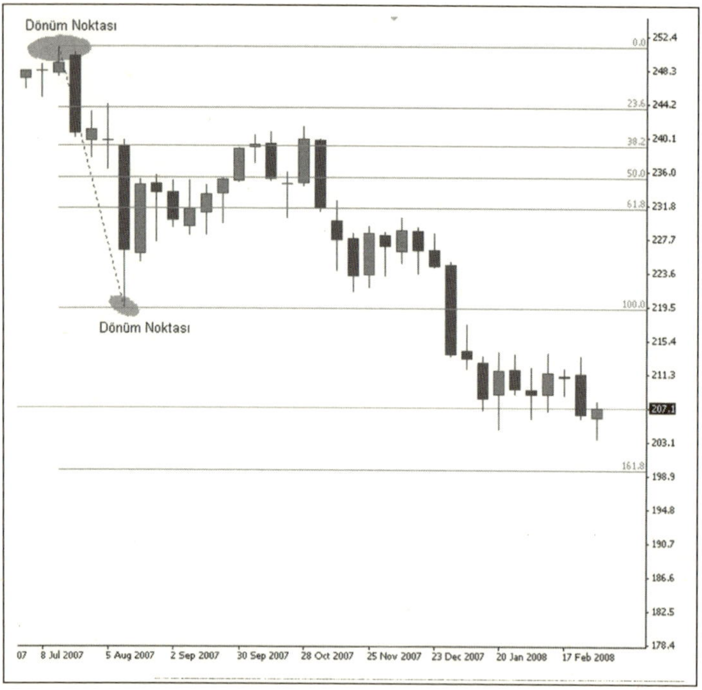

Dönüm noktalarını tüm zamanlar için kullanabilirsiniz. Önemli olan sabırla barların oluşmasını beklemektir.

Fibonacci Seviyelerini Kanallarda Pratik Hesaplamak

Fibonacci seviyelerini aynı zamanda pratik olarak hesaplamanın kolay bir yolu daha var. Bu metot, özellikle kanallarda son derece pratiktir!

Aklımızda bulundurmamız gereken üç oran var: % 33 (1/3), % 50 (1/2) ve % 66 (2/3).

Yan bir kanalı örnek alalım. EURUSD, Kasım 2007 – Şubat 2008 aralığında günlük grafikteyiz.

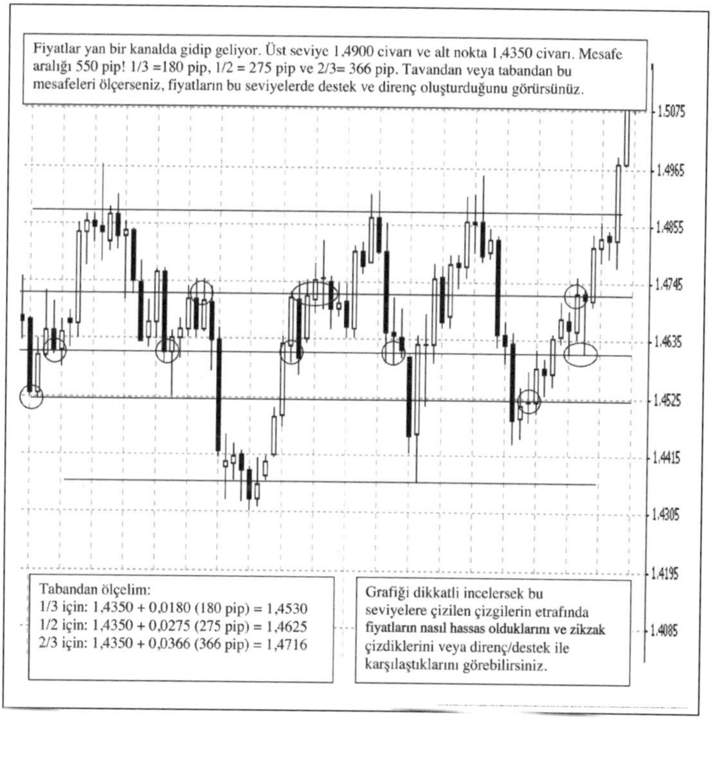

Bu pratik uygulamayı, yukarı veya aşağı giden kanallarda da rahatlıkla uygulayabilirsiniz. Ben bu tekniği sık sık kullanırım, hatta zamanla göz kararı ile çok çabuk grafiğe oturtabilirsiniz.

Hareketli Ortalamalar

Hareketli ortalamaların amacı, zamanla fiyatı hesaplayarak fiyat hareketini biraz daha dalgasal kılmaktır. Bu teknik analiz aracı, kapanış fiyatlarının ortalamasını alarak noktaları birleştirir.

Birkaç hareketli ortalama çeşidi vardır. Ortalamaları, platformunuz otomatik olarak grafikte hesaplayacaktır. O yüzden, oturup her hesap makinesiyle bir hesap yapmanıza gerek yok! Platformunuz bunu otomatik olarak grafiğe koyar.

Tüm diğer indikatörler gibi, gelecekteki fiyatları tahmin etmemiz için kullanılan bir araçtır. Ortalama çizgisinin eğimine bakarak fiyatın hangi yönde hareket edeceğine dair bir fikir yürütebilirsiniz.

Bu kitapta en çok kullanılanlardan iki tanesini açıklayacağım, aslında forex piyasası açısından hangisini kullandığınız pek fark etmiyor. Bu, kişisel bir seçimdir.

İnceleyeceğimiz hareketli ortalama metotları:

1. Basit Hareketli Ortalama (SMA - Simple Moving Average)

2. Üssel Hareketli Ortalama (EMA - Exponential Moving Average)

Ortalamaları sizin hesaplamanız gerekmeyecek. Platformlar bunları sizin seçtiğiniz parametreler dâhilinde yapıyor. Tekrar ediyorum, eğer brokerinizin grafiklerinde bu tür analizler yapamıyorsanız, brokerinizi değiştirin!

Basit Hareketli Ortalama

Ortalamaları hesaplamanın en kolay yolu, basit ortalamadır. Sizin seçtiğiniz zaman çizelgesine göre, platform, bunu canlı bir şekilde, fiyatlar ilerledikçe hesaplar ve her yeni zaman barıyla birlikte ilerler.

Ortalamaların tek problemi fiyatları arkadan takip etmeleridir. Hesaplamanın güncelleşmesi için zaman diliminin bitmesini beklemeniz gerekir, bu yüzden fiyatların gideceği yön ancak tahmini olabilir ve kesin değildir.

Aşağıdaki grafikte EURUSD günlük çizelgesi var ve 10, 20, 50 ve 100 günlük ortalamaların fiyatla birlikte hareketini gözlemleyebilirsiniz.

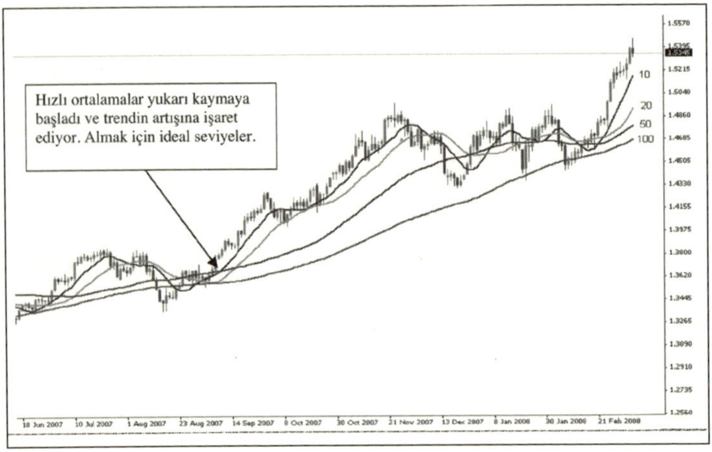

Gördüğünüz gibi, ortalamalar ne kadar büyük olursa fiyatı o kadar yavaş takip eder. Bu yüzden, 10 günlük ortalamayla 100 günlük ortalamanın hareketleri birbirinden çok uzaktır.

Bu ortalamalar, genel olarak bize piyasanın hissiyatını gösterir. Ortalamalar, bize daha geniş bir bakış açısı sağlıyor. Sadece şimdiki fiyata bakıp tahminde bulunmaktansa ortalamalarla daha iyi bir yön tahmini gerçekleştirebiliriz.

Üssel Hareketli Ortalama

Basit hareketli ortalamaya kıyasla, üssel ortalamalar, en son fiyata daha fazla ağırlık vererek hareket ederler. Üssel ortalamayı bazı insanların sevmesinin nedeni, hızlı hareketlerde ortalamaların da hızlı hareket etmesidir.

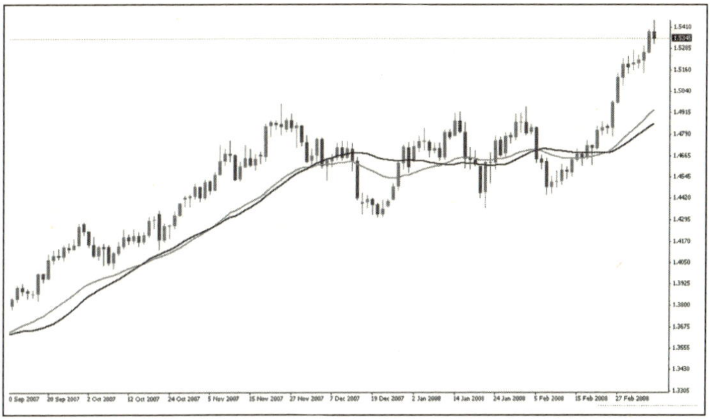

Yukarıdaki grafikte 30 günlük basit ortalama ve 30 günlük üssel ortalama çizgileri bulunmaktadır. Gördüğünüz gibi üssel ortalama fiyat hareketleri biraz daha hassas ve bazı yatırımcıların neden bunu seçtiğini şimdi daha net görebiliriz çünkü reaksiyon biraz daha hızlıdır. Ancak yine de hatırlamamız gereken şey, ortalamarın fiyatı her zaman arkadan takip ettiğidir.

Basit ortalamanın avantajı ve dezavantajı: Daha yumuşak bir fiyat hareketi gösterir ve sahte kırılmaları genellikle ortadan kaldırır. Fakat daha yavaştır ve işleme girmenizde biraz gecikmeye neden olabilir.

Üssel ortalamanın avantajı ve dezavantajı: Fiyatlarla birlikte çabuk hareket eder ama sahte fiyat kırılmalarına (piyasanın yön değiştirmesi) maruz kalabilirsiniz.

Dolayısıyla seçim, kişisel bir seçimdir. Birçok analist kombinasyon kullanır. Birçok strateji, ortalamalar kullanır ve bu kitabın ilerleyen bölümünde de ortalamaların kullanıldığı stratejiler göreceksiniz.

Temel Grafik İndikatörleri

Şu andan itibaren göreceğimiz her teknik analiz aracını kendi başına bir analiz olarak görmeye çalışın ve her yeni araç, sizin için piyasa analizi yapabileceğiniz ek bir tekniktir.

Bollinger Bantları (Bollinger Bands)

Bollinger bantları piyasadaki hareketliliği ölçmek için kullanılır. Piyasa hareketli mi, yoksa sessiz mi? O kadar!

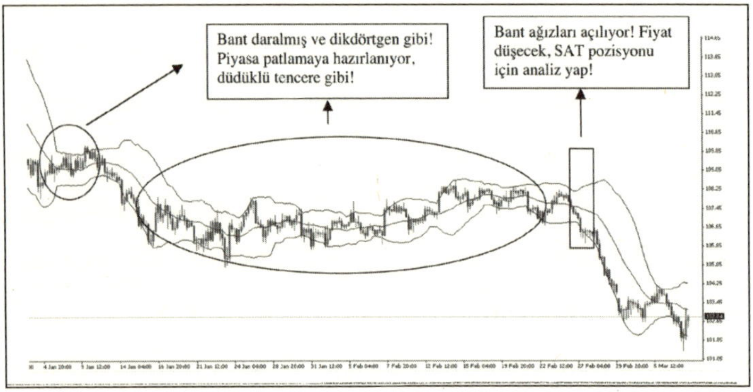

Elbette, Bollinger bantlarının hesabına girmeyeceğiz. Bizi ilgilendiren şey, bu bantlardan ne görmemiz gerektiğidir. Platformunuz bunları zaten otomatik olarak hesaplayıp grafiklerin üzerine oturtacak. Sizin yapmanız gereken şey, gözlemlemek.

64. sayfada 4 saatlik USDJPY grafiği var. Fiyatları yukarıdan, alttan ve ortadan takip eden çizgiler görüyorsunuz.

Piyasa sessizken, yani yan yan gidiyorken bantlar daralır. Grafikte görüldüğü gibi, piyasa epeydir yan gidiyor ve bantlar dar. Bant ağızları açılmaya başladığı zaman pozisyon arayışına geçebilirsiniz.

Bilmeniz gereken önemli bir konu, fiyatların üst ve alt çizgiye dokunduktan sonra orta çizgiye doğru geri döneceği ihtimalinin yüksek olmasıdır. Dolayısıyla, tekrar trend yolunda gitmek için bir pozisyon arayabilirsiniz.

Bu kadar basit! Birçok trader bu sekmelerden faydalanır ve trend yakalayınca orta çizgiye geri kaymalardan sekme arayıp trendi takip etmek için pozisyon bekler.

Pratik bir uygulamaya bakalım.

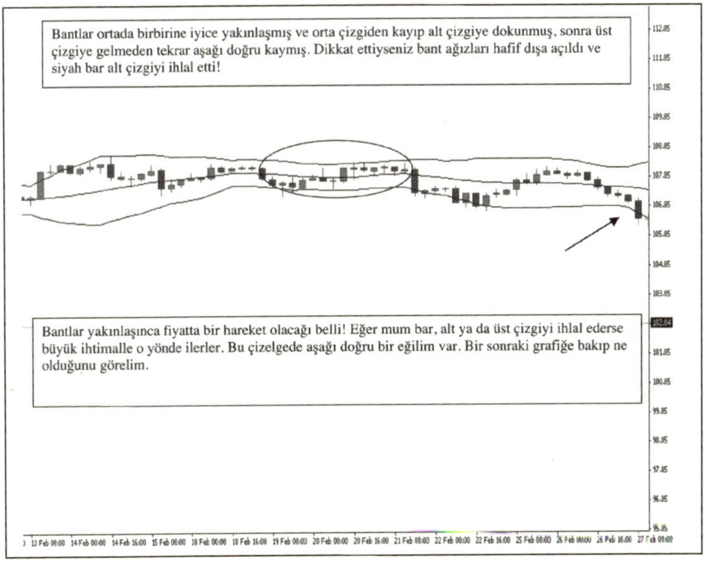

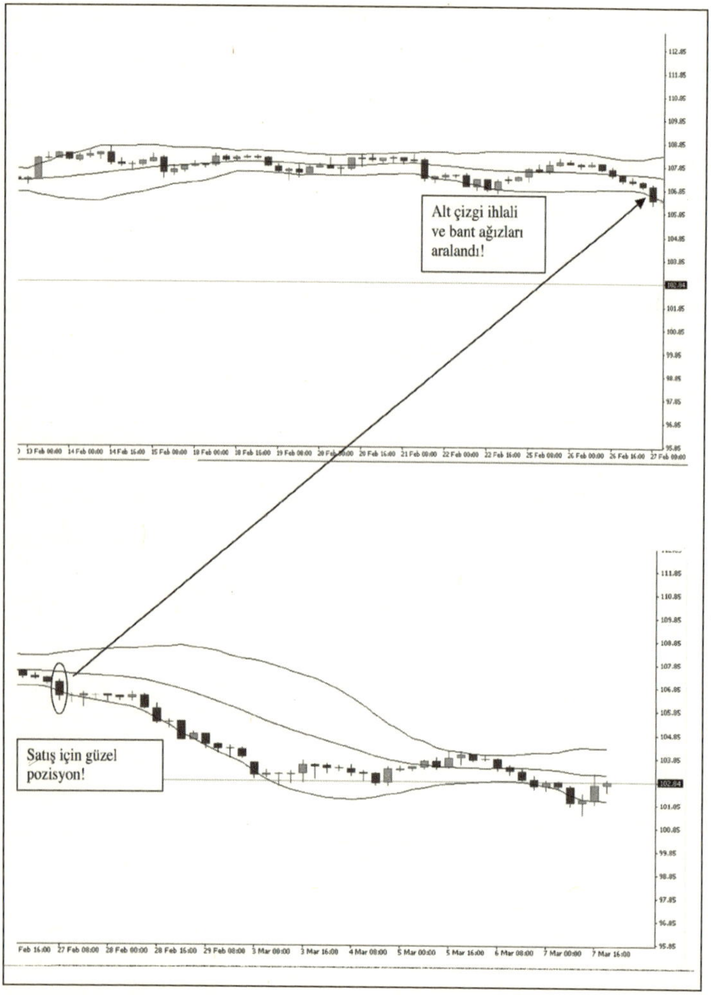

Bollinger bantlarını, her zaman dilimi için platformdaki standart ayarları değiştirmeden kullanabilirsiniz. Yukarıdaki örnek, her gün karşımıza çıkmayacaktır çünkü 4 saatlik periyot kullandık ama 15 dakikalık bir çizelgede daha sık rastlayabilirsiniz.

Hareketli Ortalamaların Yakınlık ve Uzaklığı (MACD – Moving Average Convergence Divergence)

Bu teknik analiz aracı, yükselen veya düşen yeni bir trend başlangıcına işaret eder.

Genelde, MACD ayarları için üç rakam vardır. Platformların standart ayarı, genellikle "12, 26, 9" değerleridir. 12 rakamı hızlı ortalama, 26 rakamı yavaş ortalama ve 9, son 9 barda aralarındaki farkı ölçer.

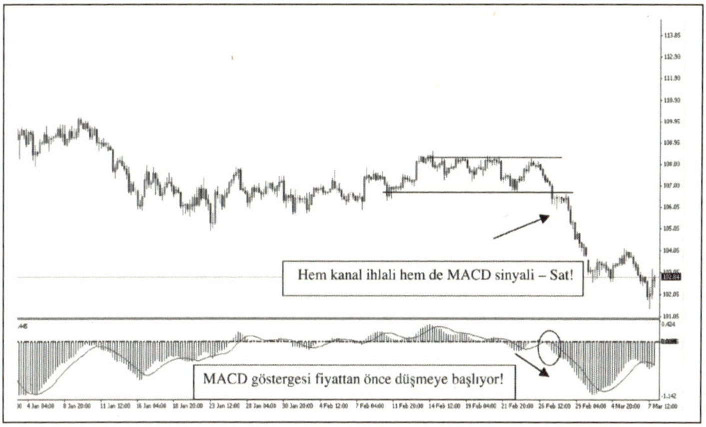

Bazı platformlarda görüntü biraz farklı (barların yerine bir çizgi daha) olabilir ama sonuç olarak yine aynı şeyi gösterir.

Bu histogramda gördüğümüz şey, hızlı ve yavaş ortalama arasındaki farktır. Bu şekilde fiyat biraz daha yumuşatılıyor ve fiyat hareketleri hassaslaşıyor.

Peki MACD'yi nasıl kullanacağız? MACD'de gözlemlememiz gereken 2 temel şey vardır:

Ortalamaların kesişme sinyali: İki farklı hızda ilerleyen ortalama vardır ve hızlı olan, elbette, fiyat hareketlerine daha çabuk reaksiyon gösterecektir. Yeni bir trend oluşmaya başlayınca hızlı olan ortalama, yavaş olandan uzaklaşmaya başlar. Yukarıdaki MACD göstergesinde hızlı olan ortalama histogram olarak gösterilmektedir. Bu, kesişme olduğu zaman yeni bir trendin başlangıcına işarettir.

Uyuşmazlık: Bu durum her zaman görülmeyebilir ama çok kullanışlı bir araçtır ve başarı oranı yüksek bir gözlemdir. Yukarıdaki şekilde fiyatın yan gittiği bir kanal çizdim ve MACD'ye dikkat ederseniz histogramlar ve gri çizgi, fiyat kanaldan aşağı düşmeden çok önce sıfır seviyesinin altına geçmişti.

Fiyatlar bazen yan giderken veya yükselirken, MACD aşağıya doğru iniyorsa buna uyuşmazlık denir ve fiyatların düşeceğine dair bir işarettir. Bunun tersi, fiyatlar aşağıdan yukarı giderken de geçerlidir.

MACD göstergesi bazen de aşırı alış ve satış göstergesi olarak kullanılır ancak bunun için Stochastic ve RSI daha kullanışlıdır ve bunları aşağıda göreceğiz.

Alegorik Stop ve Geri Dönüş (Parabolic SAR)

Bu indikatörü kullanmak, son derece pratiktir. Genelde trendleri yakalamak için indikatörleri öğrendik ama nerede çıkacağımızı bilmek de faydalı olur.

SAR göstergesi grafiğin üzerine noktalar yerleştirir ve noktalar, grafiğin altından üstüne ya da üstünden altına geçtiği zaman trend bir değişim geçiriyor veya geri kayıyor anlamına gelir.

DİKKAT: Sadece piyasa trend gösterirken kullanın! Piyasa yan giderken "asla"! Aşağıda EURUSD, 4 saatlik çizelgede trend gösterirken görülüyor! Trendle birlikte giden işlemlere girin!

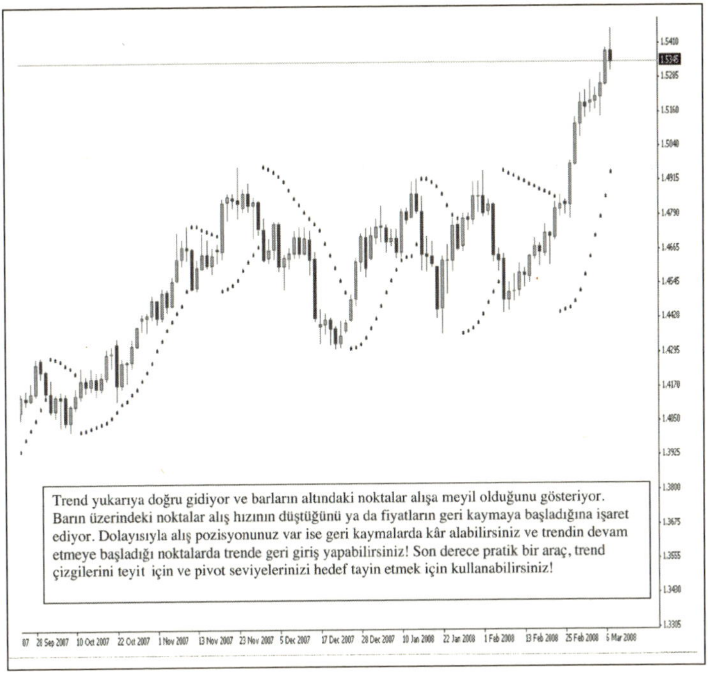

Stokastik (Stochastics)

Stokastik, piyasanın aşırı aldığını ya da sattığını gösterir ve bu aşırı al/sat seviyeleri geri dönüş için bir pozisyon aramamıza işarettir.

Stokastiğin iki seviyesi bulunur ve platformunuzda üst sınır otomatik olarak 80 ve alt sınır 20 olarak çıkmalı, eğer çıkmıyorsa ayarlarını manuel olarak değiştirebilirsiniz.

Osilatörler en iyi yan giden aralıklarda kullanılır. Eğer piyasa yan dalgalar yapıyorsa stokastik kullanarak dönüş noktalarını görebilir ve işlem pozisyonu arayışına girebilirsiniz.

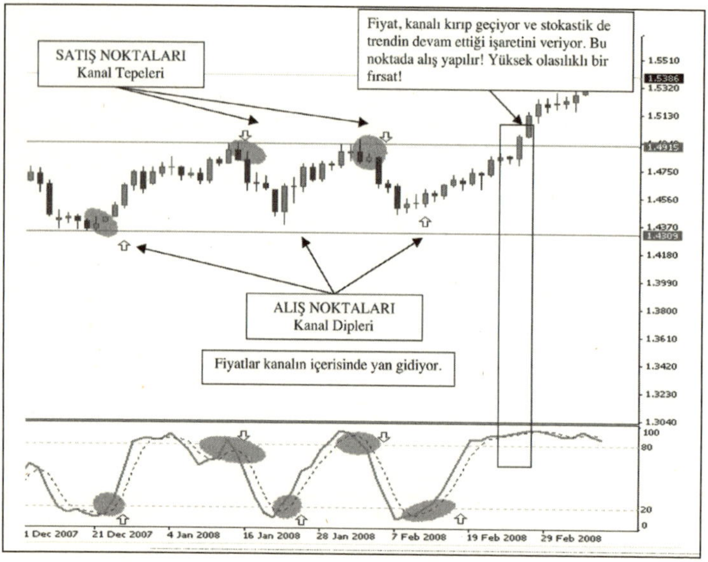

Yukarıdaki EURUSD günlük paritesinde olduğu gibi, ilk önce fiyatların yan kanal içerisinde gittiğini görüyoruz. Kanal tayin etmek için asgari üç noktaya ihtiyacınız vardır. Kanalımızı doğru tayin ettikten sonra stokastik verisini kullanarak işlem pozisyonu arayışına geçebiliriz.

Stokastik aşağıdan yukarıya 20 seviyesini aştıktan sonra giriş için bir nokta tayin edebilirsiniz. Bunun tam tersi, fiyatlar kanalın üst sınırından geri dönerken kullanılır. Böylelikle fiyatlar yan giden bir kanal içinde ilerlerken son derece kullanışlı bir araç olur. Genellikle yan giden piyasalarda üst ve alt noktaların teyidi için veya trend başlangıçlarını netleştirmek için kullanılır.

Relatif Güç Endeksi (RSI – Relative Strength Index)

RSI, stokastik osilatörü gibi aşırı alış ve satış noktalarını tayin eder. Stokastik gibi 0-100 arası ölçülür ama genellikle RSI daha hızlı hareket ettiği için alt sınır 30, üst sınır da 70 olarak tutulur.

Aşağıdaki grafik, stokastik örneğinde kullandığımız grafiğin aynısı ama şimdi stokastik yerine RSI koyduk.

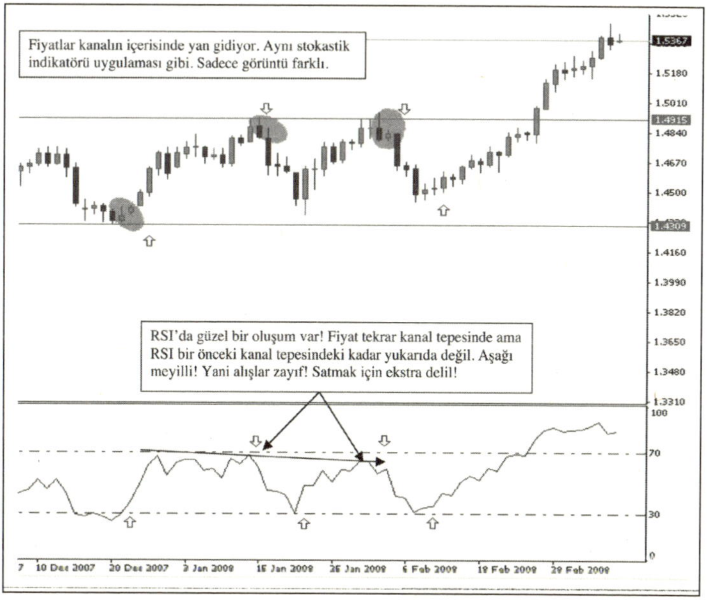

RSI osilatöründe eğer çizgi 30 alt sınırın altına inerse aşırı satış ve 70 üst sınırın üstüne çıktıysa aşırı alım gösterir ve bu seviyelerden geri dönmek için bir pozisyon arayışında olmamız lazım.

RSI osilatörünü de yan giden piyasalarda kullanırsanız daha başarılı sonuçlar elde edersiniz.

Ayrıca trend oluşumu için de kullanabilirsiniz. 30 ve 70 değerlerinin arasına 50 değerini de koyun. Eğer aşağıya doğru bir trend oluşacağını düşünüyorsanız ve kısa gidecekseniz RSI 50'nin altında, uzun gidecekseniz 50'nin üstünde olsun. Eğer yukarı doğru bir trendin oluşacağını düşünüyorsanız, RSI 50 seviyesini yukarı doğru geçerse trendin o yönde gittiğine dair güçlü bir göstergedir.

Genel olarak tüm göstergelerin kendilerine göre zayıf noktaları vardır. Bu yüzden traderlar filtrelemek için birkaç indikatörü beraber kullanırlar. Yukarıda anlattığım indikatörler en sık kullanılanlardır ve bunları tanıtım platformlarında kullanarak alışmanızı ve test etmenizi ve hatta sonuçlarınızı yazıp bir istatistik tutmanızı tavsiye ederim.

Çalışmalarınızı grafikler üzerinde ne kadar çok denerseniz o kadar faydalı olacaktır.

Başarınız sadece çalışarak ve bol bol uygulama yaparak gelebilir.

Osilatör ve Momentum Göstergeleri

Genel olarak kullanım ve analiz için en verimli osilatör ve momentum göstergelerini yukarıda anlattık. Bu bölümde, biraz pratik yapıp nasıl uygulayabileceğimizi göreceğiz.

Her teknik analiz aracının güçlü ve zayıf noktalarını bilmeniz, geliştireceğiniz strateji açısından önemli bir faktör olacaktır.

Önden ve Takip Eden İndikatörler

İki çeşit indikatör grubu vardır; önden giden "osilatörler" (burada önden giden bir indikatör yok aslında, ifade edilmek istenilen "trend başlamadan önce") ve arkadan takip eden "momentum" indikatörleri.

Önden giden indikatörler al/sat işlem emrini trend başlamadan ya da fiyatlar geri dönmeye başlamadan önce verir.

Takip eden indikatörler trend başladıktan sonra size haber verir, trendi kaçırmadan önceki son çağrı gibi.

Bu iki kategoriyi bir arada kullanırsanız çelişkili sinyaller de alabilirsiniz. Önemli olan her birinin kullanışlı yanlarını ve tehlikeli alanlarını görmek ve işlemlerimizde göz önünde bulundurmaktır.

Şimdi bu iki grubu da inceleyelim.

Osilatörler (Önde Giden İndikatörler)

Osilatör, iki nokta arasında hareket eden bilgi olarak tanımlanabilir. İki nokta arasında bir yere denk gelmek zorundadır. Dolayısıyla osilatör, bize uç noktalarda al ve sat işareti verir.

Osilatörler, stokastik, RSI ve SAR indikatörlerimizdir. Bu indikatörler piyasada geri dönüşleri "işaret eder". Daha önce yukarıda gördüğümüz gibi. Şimdi bir örneğe bakalım.

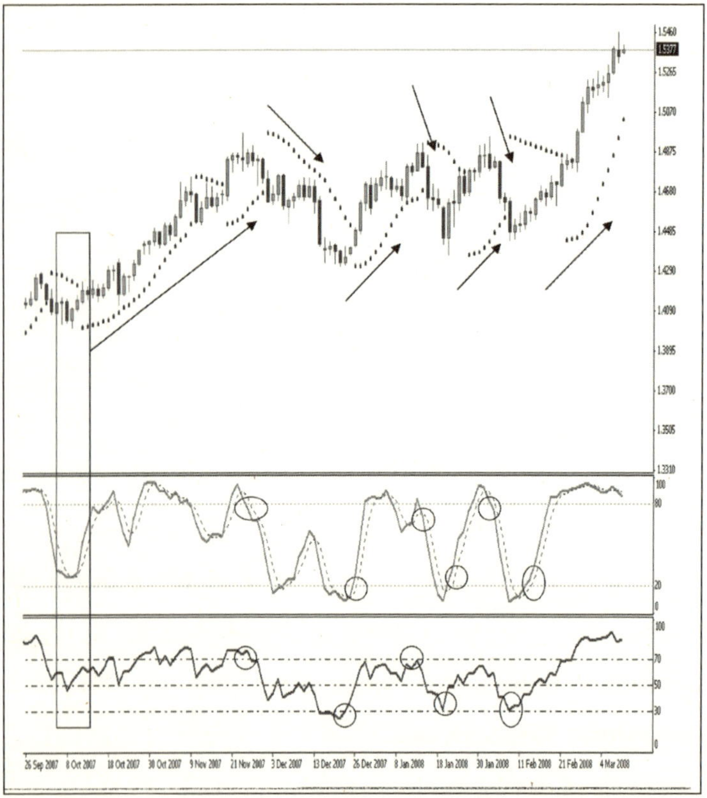

Bu grafikte yine EURUSD çiftini günlük grafikte görüyoruz. Üç sinyalimiz de al sinyali verdiği zaman iyi bir işlem fırsatı yakaladık. Üç indikatör de en üst ve en alt seviyelerde bize iyi sinyaller verdi.

RSI ve stokastik alt sınırın üzerine çıktığı zaman piyasanın aşırı satıştan geri döndüğüne yönelik güzel işaretler verdi. Bu işlemlere uygun noktalarda girseydik çok kazançlı işlemler yapmış olurduk.

Şimdi, yine aynı indikatörleri kullanarak nasıl zarar edebileceğimize bakalım!

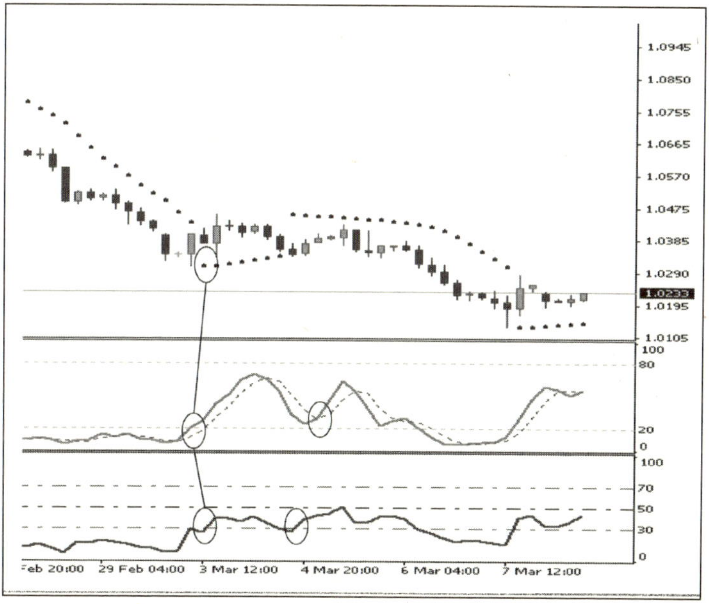

Yukarıda USDCHF çizelgesi var ve fiyat aşağı doğru trend gösteriyor. Eğer her alt noktadan RSI ve stokastik sinyalini ve SAR sinyalini de kullansaydık o zaman burada işlemimiz stop olurdu ve zarar ederdik.

Peki neden bazı zamanlar çok iyi sinyal veriyorlar ve bazı zamanlar vermiyorlar? Çünkü her biri farklı bir hesaplama kullanıyor ve piyasa koşullarında bazen çelişkili sinyaller verebiliyorlar.

Osilatörleri, daha önce de söylediğim gibi yüksek aralıklı yan piyasalarda kullanırsanız daha iyi işlem yaparsınız. Ek olarak, işlem kararı alırken 3 indikatörün de size pozitif sinyal vermesini bekleyebilirsiniz. Bu, riskinizi azaltacaktır.

Momentum (Takip Eden İndikatörler)

MACD ve hareketli ortalamalar momentum indikatörleri olarak bilinir (MACD'yi osilatör olarak da tanımlayan traderlar var ancak yukarıda anlattığım osilatörler amacımız için gayet yeterli ve MACD'yi ortalamalarla kullanırsak güzel trend fırsatları bulabiliriz).

Hareketli ortalamalar ve MACD'yi beraber kullanırsak trend yakalama fırsatı bulabiliriz. Tek dezavantaj şu: Biraz geç girmiş olacağız!

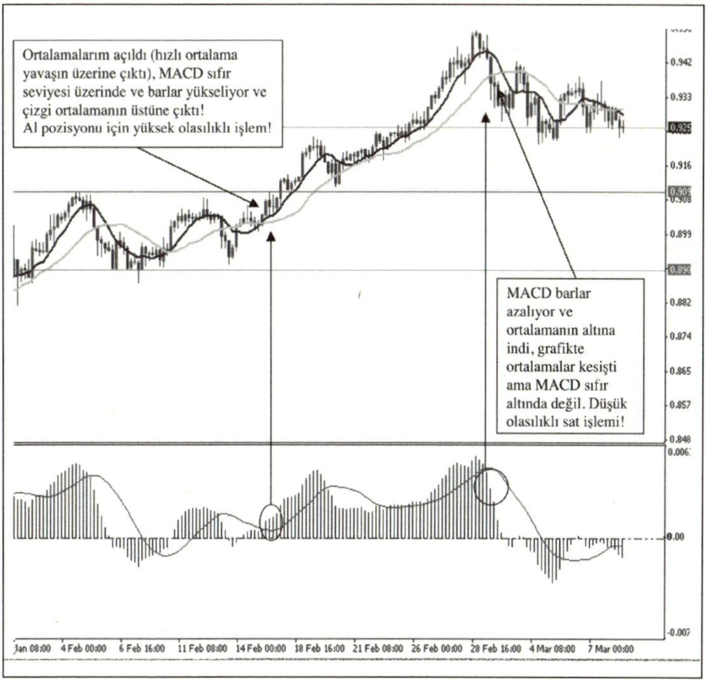

Yukarıdaki grafikte 4 saatlik AUDUSD çiftine bakıyoruz. 8 ve 21 basit ortalama ve MACD ayarlarımız da 9, 21, 15.

Bazen platformlarda MACD karşınıza iki çizgi olarak çıkabilir şaşırmayın. Aynı şey! Bu uygulamada histogramı hızlı hareket eden gibi düşünün.

Yukarıdaki iki örnekte de hareketli ortalama ve MACD, fiyatlar yükselmeye başladıktan sonra sinyal veriyor. İki uygulamada da hızlı olan ortalama yavaş olanın üzerinden geçiyor ve fiyatların yükselmeye başladığına işaret ediyor.

Hem osilatörler hem de momentum göstergelerini kullanmak, gördüğünüz gibi kolay. Sorun ne zaman neyi kullanacağınız. İlerleyen konularda buna da açıklık getireceğiz.

Bu safhada önemli olan, her zaman tekrar ettiğim gibi, bol bol üzerinden geçmek ve tanıtım hesabında uygulamaktır.

Önemli Grafik Şekilleri

Grafik şekilleri, piyasada kendisini tekrar eden şekillerdir. Eğer bu şekilleri görürseniz fiyatların nereden yükseleceğini veya düşeceğini, nereye stop koyacağınızı ve nerede kâr alacağınızı daha işlem açmadan hesaplayabilirsiniz.

Bu kitapta temel grafik şekillerine bakacağız. Bu şekilleri görerek piyasada olacakları henüz gerçekleşmeden tahmin edebiliriz.

Aşağıdaki listeyi teker teker inceleyeceğiz.

- Dikdörtgen
- Flama ve Bayrak
- Omuzlar ve Baş
- Ters Omuzlar ve Baş
- Çift Alt / Çift Üst
- Simetrik Üçgenler

Dikdörtgen

EURUSD saatli çizelgede yan gidiyor.

- Dikdörtgen şekli piyasanın genel trendinin bir ara dönemde olduğuna ve sonra devam edeceğine dair işaret verir. Bu şekil çok kolay görülebilir ve iki üst ve iki alt nokta ve paralel çizgilerle dikdörtgen olarak çizilir.

- Dikdörtgenler bazen işlem aralığı olarak bilinir, piyasa yan gitmektedir ve fiyat, konsolidasyon döneminde demektir.

Flama ve Bayrak

USDCHF düşüş trendinde ve biz de katılacak yer bakacağız.

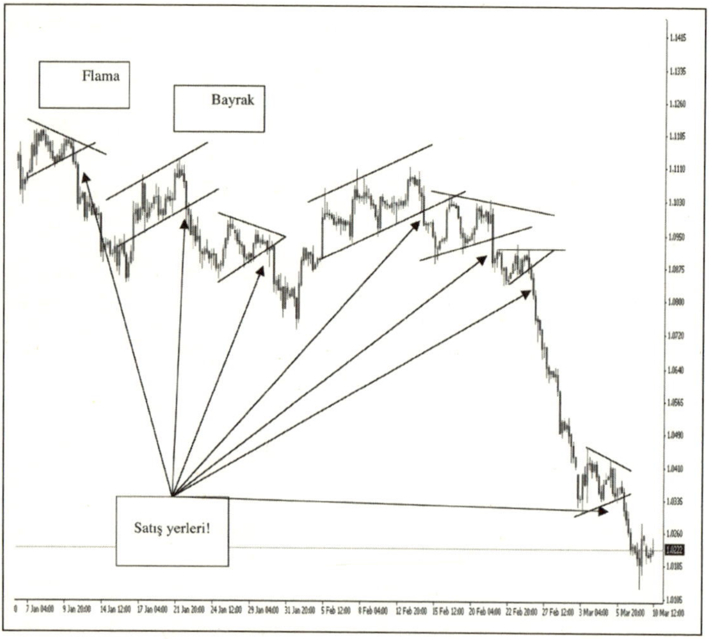

- Flama ve bayraklar trend devamı belirtmektedir ve kısa vadede fiyatlar bu anlarda konsolidasyon hareketindedir.

- Bu şekiller, genelde hızlı bir hareketten sonra hacmin düşmesiyle olur ve trendin ara dönemlerini tayin eder.

Omuzlar ve Baş

USDCHF 4 saatlik çizelge.

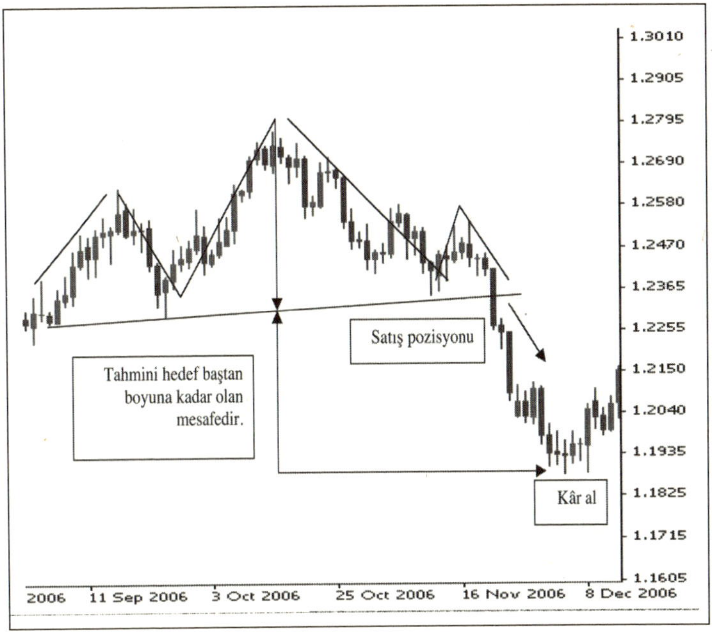

- Baş ve omuzlar şekli genelde fiyatlar yükseldikçe ve trendin sona ermesine yakın oluşan bir şekildir. Trendin sonunun işaretidir.

- Şekilde üç tepe vardır: İki yan ve bir doruk. Yandaki tepeler, yaklaşık aynı yüksekliktedir. Her tepenin altına bir çizgi çizerseniz orası boğaz olur.

Ters Omuzlar ve Baş

AUDUSD 4 saatlik çizelge.

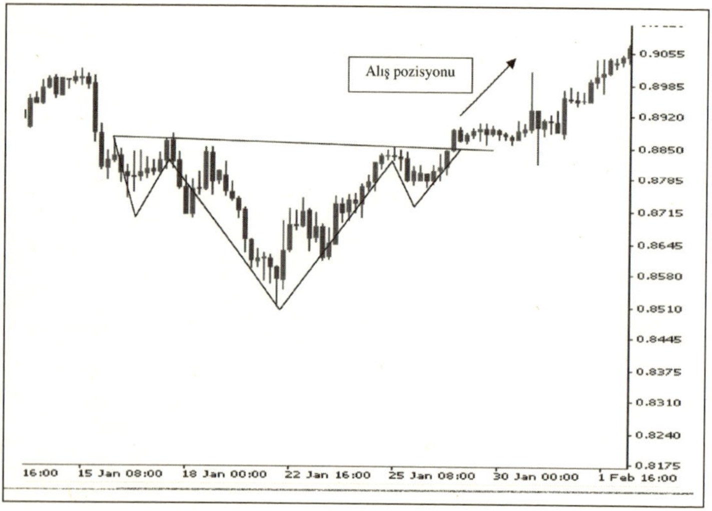

- Bu baş ve omuzlar şekli tersten ve bir önceki baş ve omuzlarla aynı özelliklere sahiptir. Fark, düşen bir piyasanın trendinin değiştiğini göstermesindedir.
- Bu, ana trend değişim şekillerinden biridir ve piyasanın düşüşünün sonunu haber verir. Üç tepeden oluşur ve yan iki tepe (omuzlar) yaklaşık aynı yüksekliktedir.

Baş ve omuzlar 4 saatlik çizelgede net görünürler; gördüğünüz zaman iyi bir giriş ayarlayabilirseniz çok güzel bir işlem yapabilirsiniz.

Çift Alt ve Çift Üst

Aşağıdaki grafik GBPUSD günlük çizelgesinden güzel bir örnektir. Önce aşağıda çift alt yapıyor ve fiyat yukarı fırlıyor, sonra yukarıda çift tepe ve fiyat inişe geçiyor.

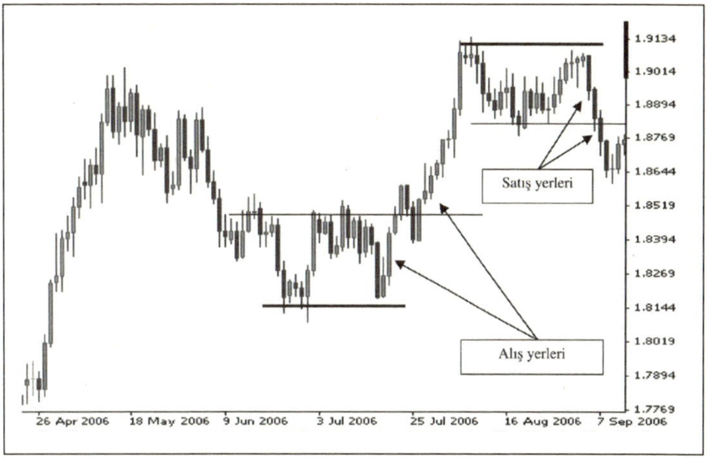

- Bu şeklin birkaç formasyonu olabilir ama genelde orta veya uzun vadede trendin değişimine işaret etmektedir.

- Birçok potansiyel çift alt trend hâlâ aşağı inerken arada oluşabilir, ancak ana direnç noktası kırılmadan teyit edilemez. Grafikte görüldüğü gibi şeklin oluşması durumunda, arka arkaya gelen iki tepe ve destek buldukları seviye aynı veya çok yakın demektir.

Simetrik Üçgenler

Çift taraflı pozisyonlar için kullanışlı bir metot!

- Simetrik üçgenler, genellikle, trend devamlarında oluşurlar ve trendin devam ettiğine dair işarettirler. En az iki düşen zirve ve iki yükselen alt noktadan oluşurlar.

- Trendin düşüşlerinde veya yükselişlerinde birkaç üçgen oluşabilir.

- Düşüşlerde oluşan üçgenler, trendin düşmeye devam edeceğine ve artışlarda oluşan üçgenler, artışın devamına işaret eder.

- Bazen üçgenlerde trend değişimi de yaşanabilir ve fiyat tersine dönebilir ama genellikle trend devamı olarak bilinirler.

Pivot Noktaları (Dönüm / Direnç – Destek Noktaları)

Profesyonel traderlar ve piyasayı oluşturan brokerler, genellikle pivot noktalarını önemli destek ve direnç seviyelerini tayin etmek için kullanırlar.

Kısaca pivot noktaları ve o seviyedeki direnç ve destek bölgesi, fiyatların yönünün değişebileceği bölgelerdir. Bu seviyeleri ben çok sık kullanırım ve Meydan & Co. işlem öneri hizmetinde destek ve direnç noktaları her zaman stop ve hedef belirlerken hesaba katılır.

Eğer pivot hesaplaması (bu hesaplamaları excelde basitçe programlayabilirsiniz) kullanacaksanız bu hesaplamayı günlük yapmanız lazım.

Yüksek: Dünün en yüksek fiyatı. (New York, öğleden sonra saat 16.00'da kapandıktan sonra 1 günlük bar sona erer. Dün derken bu barı kastediyorum! Saat 16.01'de yeni günün barı açılır.)

Düşük: Dünün en düşük fiyatı.

Kapanış: Dünün kapanış fiyatı.

Pivot Noktalarının Hesaplanması

3. Direnç Seviyesi = Yüksek + 2 x (Pivot - Düşük)

2. Direnç Seviyesi = Pivot + (R1 - S1)

1. Direnç Seviyesi (R1) = (2 x Pivot) - Düşük

Pivot Noktası = (Yüksek + Kapanış + Düşük) / 3

1. Destek Seviyesi (S1) = (2 x Pivot) – Yüksek

2. Destek Seviyesi = Pivot - (R1 - S1)

3. Destek Seviyesi = Düşük – 2 x (Yüksek - Pivot)

Örnek: NZDUSD 29 Mayıs sabahındayız ve pivotları bugün için hesaplayalım.

28.05.2008 tarihli en yüksek fiyatı: 0,7901 / en düşük fiyatı: 0,7830 / kapanış fiyatı: 0,7865

Pivot noktası: (0,7901 + 0,7865 + 0,7830) / 3 = **0,7865 (orta seviye)**

1. direnç seviyesi R1 = (2 x 0,7865) – 0,7830 = 0,7900

2. direnç seviyesi R2 = 0,7865 + (0,7900 – 0,7829) = 0,7936

3. direnç seviyesi R3 = 0,7901 + (2 x (0,7865 – 0,7830)) = 0,7971

1. destek seviyesi S1 = (2 x 0,7865) – 0,7901 = 0,7829

2. destek seviyesi S2 = 0,7865 – (0,7900 – 0,7829) = 0,7794

3. destek seviyesi S3 = 0,7830 – (2 x (0,7901 – 0,7865)) = 0,7758

Aşağıda, EURJPY'de günün başında hesaplanan pivot seviyelerine bir örnek var.

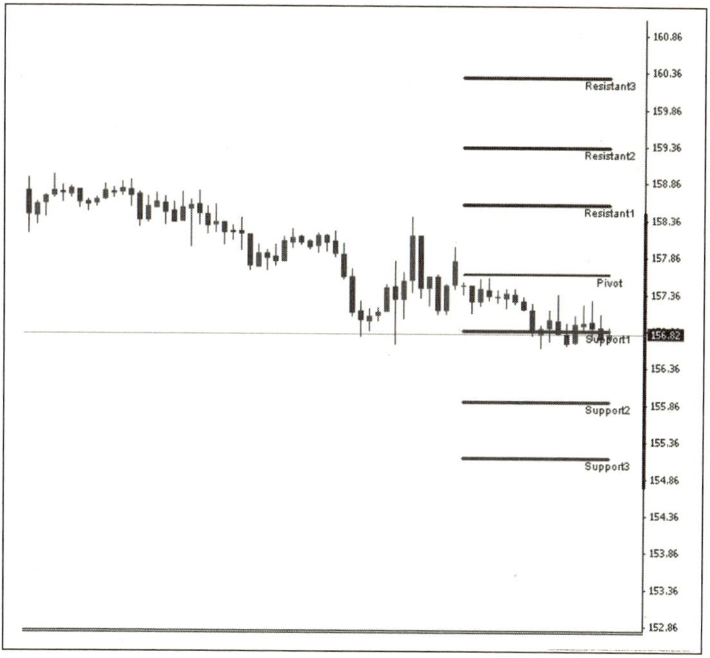

Bazı platformlar bu seviyeleri otomatik olarak hesaplar, o yüzden, teknik analiz araçlarında var mı diye kontrol etmekte fayda var. Yoksa da excel belgesinde bu tür bir hesaplamayı kolayca programlayabilirsiniz.

Aşağıda, tekrar EURJPY, 1 saatlik çizelgede örnek olarak gösteriliyor.

Pivot noktaları son derece pratik kullanımlıdır ve Fibonacci seviyeleriyle çok güzel uyuşur. Dolayısıyla, eğer bir çizelgede pivot kullanıyorsanız Fibo seviyeleri kullanmanız gerekmeyecektir. Prensip olarak aynılar. GBPJPY'nin günlük pivot noktalarından nasıl sektiğini ve artarken o seviyelere nasıl uzandığını aşağıda net görebilirsiniz.

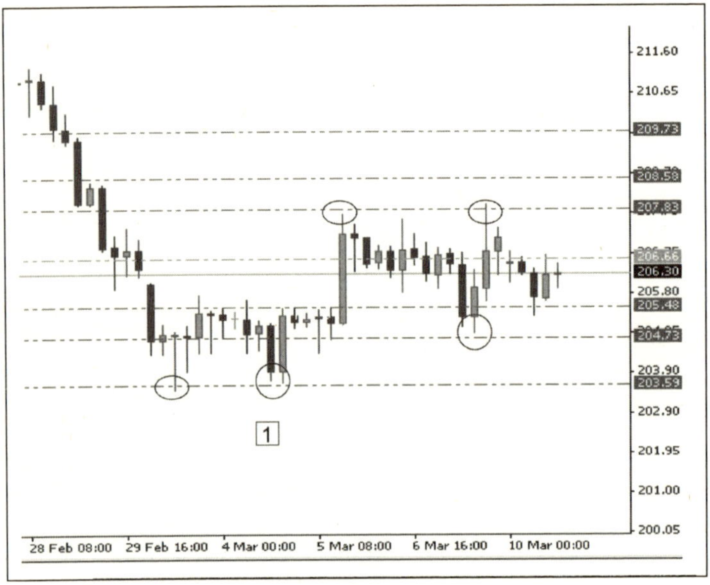

Destek ve direnç seviyeleri arasında gidip geliyor. Piyasanın yan gittiğine dair de bizim için bir ipucu. Yan giden piyasalarda çok daha dikkat etmeniz gerekir!

Pivot Noktalarıyla Nasıl İşlem Yapılır?

İşlem yapmak için pozisyon açarken ilk bakmanız gereken yer, pivot noktalarıdır çünkü fiyatlar en çok bu seviyelerde güçlü reaksiyon gösterir. Pivot seviyesinden güçlü hareketler olur.

Eğer fiyatlar pivot seviyesinin üzerindeyse piyasa alış meyilli, eğer fiyatlar pivot seviyesinin altındaysa piyasa satış meyilli kabul edilir.

Yukarıdaki GBPJPY örneğine bir bakalım. En son bar 206,30'da fiyat gösteriyor ve pivot noktası 206,66. Eğer fiyat pivot üzerine çıkarsa o seviyede almayı düşünebilirsiniz ve ilk hedefiniz de ilk direnç noktası olan 207,83 olur.

Aynı şey tersi için de geçerlidir. Eğer fiyatlar pivot noktasının altında dolanıyorsa ve ilk destek seviyesini geçtiyse o zaman ikinci destek seviyesinde kâr almayı hedefleyebilirsiniz.

Sonuç itibariyle pivot noktaları direnç ve destek seviyesidir. Fiyatlar bir seviyeden ne kadar çok sekerse o seviye o kadar güçlü demektir.

Fiyatların pivot noktasından aşağı ya da yukarı hareket etmesi dışında, üst pivot seviyelerini aynı zamanda geri dönüş için kullanabilirsiniz.

Örneğin yukarıdaki GBPJPY örneğinde 1 sayısının olduğu noktada bir siyah ve bir de gri bar var. Siyah barın tamamlanışında bir sonraki barda alım yapabilir, stopunuzu son pivot noktasının biraz altına koyabilir ve düşük riskli bir işlem yapabilirsiniz.

Aynı durum satış yapma pozisyonları için de geçerlidir.

Şimdi, bu durum kulağa çok hoş gelse de gerçek hayat bu kadar kolay değil! Bu tür işlemler her zaman başarılı olmaz ve canınız da yanabilir.

Pivotları ek araç olarak kullanmak daha faydalıdır. Pivotlar sizin için sadece bir göstergedir, işleme girmek için tetik değil.

Elliott Dalgaları

Dalga deyip geçmeyin bu sistem çok etkilidir! Elliott teorisi, 1920-30'lu yıllarda Ralph Nelson Elliott tarafından geliştirildi. İşin açıkçası nasıl geliştirdiği de umrumuzda değil. Nasıl kullanacağımıza bakalım.

Piyasada aşağı ve yukarı dönüşlerin kitlesel psikolojiye göre hareket ettiğini fark eden Elliott, bunların piyasada sürekli tekrarlandığını gördü.

Trend hâlinde giden bir piyasanın 5-3 diye adlandırdığı bir dalga şeklinde gittiğini keşfetti: İlk 5 dalga şekli itiş güçlü ve son 3 dalga da fiyat geri kaymaları.

Elliott, genellikle hisse senetlerinde kullanılır. Elliott zaten hisse işlemleri yapıyordu ama forex piyasasında da geçerli olduğu zamanlar oluyor, sonuçta işlemi yapanlar yine insanlar. Aşağıda, ilk önce 5 dalgasına bakalım.

1. Dalga

Fiyatlar ilk kez yukarı doğru ilerliyor. Piyasada bir grup insan şimdi GBPUSD almanın iyi fikir olduğu kanaatine varmış ve girmişler. Ben de bu grup kişiyle o gün sabah erken saatte (21 Şubat 2008) 1,9430'dan girdim. 1 numaralı çizgide fiyatlar da yükselmeye başlıyor.

2. Dalga

Piyasa biraz kâr alıyor, aşırı alım görüşünü taşıyan insanlar var. Bu fiyatın biraz geri kaymasına neden oluyor ama fiyat tekrar başladığı noktaya kadar geri kaymaz. Genellikle Fibo seviyelerinden seker.

3. Dalga

Bu, genelde en güçlü dalgadır. Piyasa uyandı ve herkes fiyatlar artmasına rağmen almaya başladı. Fiyatlar 1. dalganın üst bar seviyelerini aşmaya başlar.

4. Dalga

Piyasada tekrar kâr alımları başlar, fiyatların fazla alımla gereğinden fazla arttığı düşüncesi vardır piyasada. Yine fiyatlar geri kayar. Bu dalga, genelde biraz daha zayıftır. Piyasa biraz kâr aldıktan sonra da 5. dalga devreye girer.

5. Dalga

Piyasanın çoğu bu dalgada katılır ve genellikle bu dalga biraz histeri ve duygusal heyecan yaşatabilir insanlara. Bu noktada kontra traderlar devreye girip kısa pozisyon açabilirler ve 3 dalga denilen (a-b-c) noktalar oluşabilir.

ABC Geri Kayma

Bu kitabı yazarken (11 Mart 2008) ABC beklentisi böyleydi.

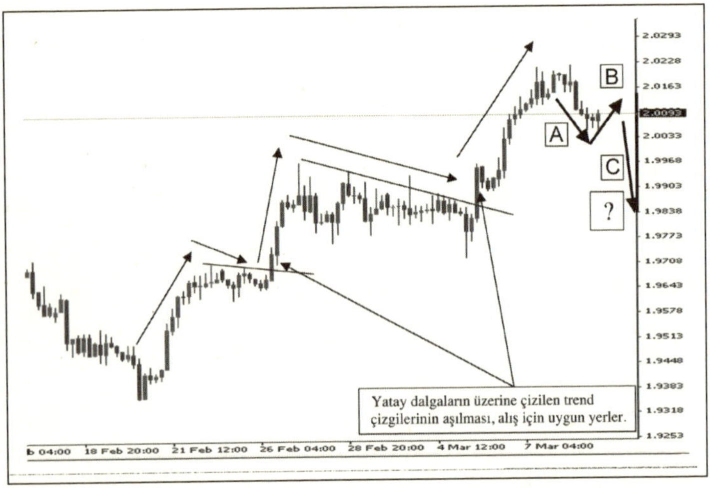

Beş dalga gerçekleştikten sonra 3 dalgayla (ABC) düzeltme denilen geri kayma ve oradan da geri trend başlayabilir.

Aynı şablonu düşen piyasalar için de kullanabilirsiniz. EURUSD 4 saatlik grafik.

Bu grafikte çok güzel bir Elliott dalgalanması var.

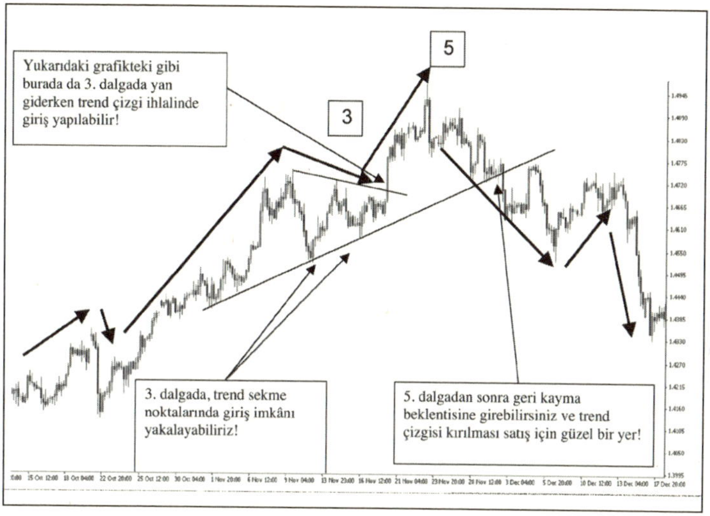

Yukarıda, örneğin yukarı giden 3. dalgada (3 numaralı çizgi), küçük ara dalgalanmalar da var. Bu gayet olası, şaşırmayın. Piyasa dalgalar hâlinde hareket eder, dolayısıyla ilk verdiğim GBPUSD örneği gibi düz gidip düz gelmek zorunda değil. Piyasaya biraz uzaktan bakmak gerebilir.

Bu tür dalgaları yakalarsanız, iki örnekte de görüldüğü gibi, çok güzel işlemler çıkarabilirsiniz.

Bu dalgaların aynısı tersten de olabilir. Sonraki sayfada tekrar EURUSD grafiği var.

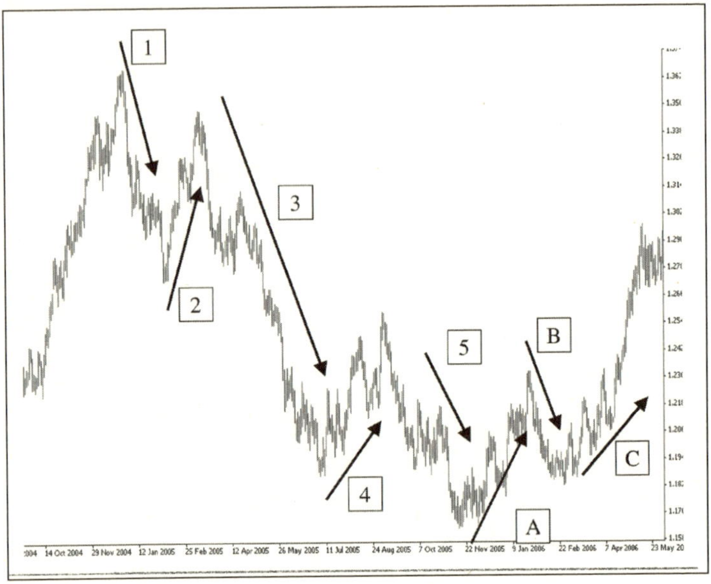

Bazen bir dalganın içerisinde de Elliott dalgaları oluşabilir. Yukarıdaki grafikte A okunu takip ederseniz 5'li dalga görürsünüz ve aynı dalga, 3 okunun kapsadığı alanda da var.

Bazen bu dalgaları görmek zor olabilir ama unutmayın ki bu teknik analiz metodu da bizler için ek bir araçtır.

Eğer trader olacaksanız alışmanız gereken ilk şey kaybetmektir. Eğer hata yapıp para kaybedeceğiniz gerçeğini benimserseniz, tekrar dener ve çalışırsanız başarılı olabilirsiniz.

Çoklu Zaman Dilimlerinde İşlem Yapmak

Birçok yeni yatırımcının forex piyasasında başarısız olmasının nedeni, genellikle yanlış zamanda işlem yapmalarından kaynaklanır.

Yeni başlayanlar, genelde forex piyasasında çabuk para kazanmak isterler ve kısa zamanlı çizelgeler kullanırlar. Hızlı hareket eden fiyatlar karşısında da günlük hayatlarını organize edemedikleri için başarısız olur ve paralarını kaybederek forex piyasasına küserler.

Hangi zamanda ve grafik zaman periyodunda işlem yapacağınız, günlük hayatınızın akışına ve biraz da kişiliğinize bağlıdır.

Ben forex piyasasında işlem yapmaya başladığımdan beri analizlerimde günlük, 4 saatlik ve 1 saatlik çizelgeler kullanarak işlem planı yapıyorum. Sabah erken saatlerde piyasayı analiz ederim, işlemlerimi girerim, sonra da genellikle bilgisayarımı kapar, kitabımı okur veya günüme devam ederim.

Forex piyasasında istediğiniz saatte işlem yapabilirsiniz, bundan dolayı kendinizi kasmayın ve gün içerisinde fiyatlar ne oldu, ne olacak veya battık mı, çıktık mı diye endişe etmeyeceğiniz bir düzen geliştirin.

Tanıtım hesabı açıp farklı zaman periyotlarında (günlük, 4 saat, 1 saat, 15 dakika) işlemler yapıp kendinizi tartın. Hayat tarzınıza ne uyuyor, ne uymuyor. Bilgisayar başında olmayı seviyor musunuz, sevmiyor musunuz ve bu iş hobi mi olacak, yoksa uzun vadede evden bu işi mi yapmak istiyorsunuz.

Genellikle traderlar üç gruba ayrılır: Uzun vadeli, kısa vadeli ve günlük işlem yapanlar.

Hangisinin iyi olduğuna siz karar vereceksiniz. Aşağıda sırasıyla anlatılıyor.

Uzun Vadeli İşlemler

Uzun vadeli traderlar, genellikle günlük ve haftalık çizelgeleri analiz ederler. Haftalık çizelgeler uzun vadeli bakış açısını oluşturur ve günlük çizelgede bu perspektife göre pozisyon açılır. Bu pozisyonlar, genellikle birkaç haftadan birkaç aya kadar açık kalabilir.

Avantajlar: Gün içerisinde piyasaya bakmanız gerekmez. Normal gün içi işlem yapan birisine göre daha az işleme girersiniz, dolayısıyla daha az işlem masrafınız olur.

Dezavantajlar: Hareketler daha büyük olduğu için stoplar daha uzak olmak zorundadır. Bundan dolayı, daha büyük bir hesapla işlem yapmak gerekir. Genellikle yılda birkaç tane iyi işlem fırsatı çıkar ve sabırlı olmak gerekir. Kayıp olduğu zaman büyük zarar getirebilir.

Kısa Vadeli İşlemler

Kısa vadeli traderlar, günlük ve 4 saatlik zaman periyotları kullanırlar ve işlemleri birkaç saat ile bir haftaya kadar açık olabilir.

Avantajlar: Daha fazla işlem fırsatı ve daha az zarar yaşarlar. Genellikle kârları için çok beklemek zorunda kalmaz ve yılda birkaç iyi işleme bağımlı kalmazlar.

Dezavantajlar: İşlem masrafları biraz daha fazla olur ve gece yapılan aşırı işlemler bazen riskli faktör olabilir.

Gün İçi İşlemler

Gün içinde işlem yapan traderlar, genellikle dakikalık çizelgeler kullanırlar. 5, 15 dakikalık grafiklerle analiz ve işlem yaparlar. İşlemler piyasa kapanmadan son bulur.

Avantajlar: Başarılı traderlar için çok işlem fırsatı olur. Zararla kapatılan ay sayısı azdır. Gece taşıma riski yoktur.

Dezavantajlar: İşlem masrafları çok tutar. Zihinsel olarak çok yorucudur. Kazanç sınırlıdır ve risk getiri oranları düşüktür.

Ayrıca sermaye seviyeniz de önemli. Kısa zaman dilimlerinde stoplarınızı daha yakın tutabilir ve marjin kullanımınız daha etkili olabilir. Uzun süreli işlemlerde sermayeniz daha fazla olmalıdır çünkü ancak uzun stoplar kullanarak uzun vadeli işlemleri takip edebilirsiniz.

Bu konuya çok önem vermenizi tavsiye ederim, çizelgeleri farklı zaman grafiklerinde inceleyin ve hangi zaman diliminde, ne yönde giderdiniz bir kıyaslayın! Şaşırtıcı sonuçlar göreceksiniz. 1 saatlikte al pozisyonu, 4 saatlikte sat pozisyonu olarak karşınıza çıkabilir ve benim gibi her pariteyi birkaç zaman diliminde inceliyorsanız o zaman uyum aramalısınız.

Kendi İşlem Stratejinizi Geliştirin

Öncelikle şunu söylemek istiyorum. Piyasada bir sürü işlem sistemi mevcut: Otomatik olarak işlem yapan sistemler, Meta Trader 4 yazılımları, kara kutu altında al/sat sinyali veren özel programlar ve daha nice süper bilgisayar programları.

Sakin olun ve paranızı boşa harcamayın. O sistemlerin hiçbiri size istikrarlı para kazandırmaz. O yüzden kafanızı bu tür sahte pazarlamalarla hayal âlemine götürmeyin. Bazı programların para kazandırdığını gördüm ama sistemi uygulamak, sadece düğmeye basmaktan ibaret değildir. Disiplinli bir sistem dâhilinde çalışmak başarının sırrıdır.

Bu piyasada istikrarlı işlem yaparak uzun vadede kazançlı olmak istiyorsanız teknik analiz, para yönetimi ve psikolojiyi disiplinle bir araya getirmeniz gerekir.

Ayrıca gidip bu programlara yüzlerce dolar verip öğrenme ve test edip uygulamaya harcayacağınız zamanı kendi stratejinizi uygulamaya harcayabilir ve o paralarınızı yatırım sermayesi olarak kullanabilirsiniz.

Sistem Geliştirmek

Sistem geliştirirken piyasa hareketlerini görmeniz çok önemlidir. Bu yüzden sisteminiz, trendleri ve yan giden piyasa koşullarını size en kısa zamanda işaret etmelidir.

Geliştirdiğiniz bir stratejiyle bu iki koşulu görmeniz kesinlikle mümkündür.

Eğer sadece trendleri yakalamak veya yan giden piyasa koşullarını görmek üzerine strateji geliştirirseniz pek iyi olmaz. Sadece trendler üzerinde durursanız makaslar sizi yiyip bitirir ve sadece yan giden piyasa koşullarını analiz etmeye kalkarsanız trendleri çok geç görürsünüz.

Dolayısıyla, teknik analiz araçlarını bir araya getirirken iki koşulu da düşünmemiz ve bir ara yol bulmamız lazım. Bir taraftan trendleri erken görmeliyiz, öteki taraftan da gerçek trend sinyallerini sahte olanlardan ayırmalıyız.

Sistem geliştirmek, aslında fazla zamanınızı almayacak ama geliştirdiğiniz sistemi tanıtım hesabında denemek, istatistikler tutmak ve sonuçları analiz etmek zamanınızı alacaktır.

1. Zamanlama: Öncelikle uzun vade mi, kısa vade mi ya da günlük trader mı olacaksınız, buna karar vermelisiniz. Hayat koşullarınıza, günlük işinize göre ve bir pozisyonu ne kadar süre açık tutmak istediğinize bağlı olarak bir sistem geliştirmeniz gerekecek. Bütün gün ekran başında olacak mıyım, yoksa günde bir iki saat bakıp, işlem yapıp çıkacak mıyım?

Bu faktörleri göz önünde bulundurun, hayatınıza objektif bakın ve kendiniz için istikrarlı bir şekilde uygulanması muhtemel olan bir koşul seçin.

2. Trendleri belirleyen indikatörler seçin: En önemli amaçlarımızdan bir tanesi, trendleri elimizden geldiğince erken belirlemektir. Bunun için klasik bir metot olan kesişen ortalamaları kullanacağız: Bir tane hızlı ortalama ve bir tane de yavaş ve hızlı olanın, yavaş olanın üzerinden geçmesini bekleyeceğiz. Ortalamaların çaprazlaması trend belirlemenin en pratik yoludur.

3. Trend teyidi için indikatör kullanmak: Ortalamaların çapraz kesişmesi, trend oluşumunu görmemizi sağlasa da yeterli değildir. Fiyatların piyasada oynaklığıyla makas yemek istemiyorsak trendi teyit edecek başka araçlara da bakmakta fayda var. MACD, stokastik ve RSI fiyat hareketlerinin yönünü göstermede bize yardımcı olurlar.

Ben, genellikle ya stokastik ya da RSI kullanırım ama piyasada MACD'yi kullanan birçok insan da var. Bu, gerçekten kişisel bir seçim ve ekranı nasıl görmek istediğinize de bağlı.

4. Riskinizi belirleyin: İşlem yapmaya başlamadan önce ilk yapacağınız şeylerden bir tanesi, ne kadar kaybedeceğinizi belirlemek. Para yönetiminde bu konuyu pratik olarak göreceğiz. Ancak bu faktörü burada belirtmemin nedeni stratejinize dâhil olması gerekliliğidir!

Bu miktar, yine sizin belirleyeceğiniz bir şeydir. Hiç kimse, sizin risk sınırlarınızı sizden daha iyi tanımlayamaz.

İyi bir trader ne kadar kaybedeceğini, ne kadar kazanacağından daha iyi hesaplar!

Bu hesaplamaları yaparken piyasa koşullarını göz önünde bulundurmanız ve fiyat hareketlerine göre stop seviyeleri tayin ederek risk belirlemeniz gerekir. Bu konuyu para yönetiminde göreceğiz. Para yönetimi, bu piyasada ayakta durup duramayacağınızı tayin edecek önemli faktörlerden bir tanesidir.

5. Giriş ve çıkış noktaları: Platformda işleme girmeden önce nerede işleme gireceğinizi ve nerede kâr alacağınızı bilmeniz lazım. Aşağıda, kendim için yaptığım bir excel şablonu var. Ben, bu şablonu doldurmadan önce platformda işlem açmam. Siz de işlemlerinizi bir plana sokmak için kendinize bir şablon geliştirirseniz çok faydalı olur.

Meydan&Co. Örnek İşlem Tablosu							
Tarih	**Çift**	**AL/SAT**	**Fiyat**	**Stop**	**1. Hedef**	**2. Hedef**	**3. Hedef**
05.02.08	USDCHF	AL	1,0915	1,0880	1,0940	1,0975	1,1030
	EURUSD	SAT	1,4795	1,4825	1,4740	1,4705	1,4650
	NZDUSD	SAT	0,7896	0,7938	0,7850	0,7790	0,7690
	USDCAD	AL	0,9965	0,9930	0,9988	1,0045	1,0085
	AUDUSD	SAT	0,9024	0,9064	0,8960	0,8890	0,8850

Pratik, kolay anlaşılır ve net... En önemli şey, işleme hazırlanmaktır çünkü pozisyon açıldıktan sonra, artık piyasa ne yapacaksa yapıyor.

Eğer gün içerisinde stratejinize uygun göstergeler oluştuğu zaman ekrandan işlem yapacaksanız yine stop seviyenizi ve hedef seviyenizi önceden tayin etmekte fayda var. Böylelikle işleme girdikten sonra kafanız karışmaz ve planınızı uygularsınız.

İşlemlerden çıkarken birkaç metot kullanabilirsiniz:

- Eğer fiyatlar sizin lehinize ilerlerse platformunuzda izleyen stop kullanarak stopunuzun fiyatı takip etmesini sağlayabilirsiniz. Böylelikle fiyatlar geri dönerse az da olsa kâr almış ya da uğrayabileceğiniz zararı en aza indirmiş olursunuz.
- İşlem platformunuza hedef koyarsanız ve piyasa hedefe gelirse pozisyonunuz otomatik olarak kapanır. Be-

nim tüm işlemlerimde hedef noktası işlemi girerken tayin edilir ve piyasa o seviyeye gelirse işlemim otomatik olarak kapanır.

- Bir başka işlemden çıkış metodu da manueldir. Bunun için bir kuralınız olması lazım ve bunu disiplinli bir şekilde uygulamanız gerekir. Örneğin, eğer trende girdiyseniz ve hareketli ortalama çizgileriniz trend sonunda öteki yönde çapraz kesiştiyse işlemden çıkabilirsiniz. Manuel olarak stop kullandığınız zaman fiyatlar sizden yana ilerlerse aşama aşama stop ilerletmekte fayda olacaktır.

Yukarıda gördüğünüz şablonda üç tane hedef bulunmaktadır. Fiyatlar hedeflere geldiği zaman stoplar 1. hedefte giriş noktasının altına ve daha sonraki hedeflere ilerledikçe önceki hedeflerin altına getirilerek izlenir. Böylelikle, ani fiyat hareketlerinde biraz daha temkinli davranmış oluruz.

6. Sistem kurallarınızı yazın ve uygulayın: Bu, belki de kendiniz için yapabileceğiniz en büyük iyiliktir. Stratejinizin koşullarını yazın ve tüm koşullar gerçekleştiği zaman işleme girin ve işleminizi stratejinize göre yönetin.

Bu kitabın sonunda, sizlere bazı stratejiler vereceğim ve bu stratejiler kendi stratejinizi geliştirmekte size örnek olacaktır.

7. İşlem kayıt defteri: Yaptığınız her işlemin bir kaydını tutmanız gerekir. Bu, başarısız olduğunuz işlemleri size göstermek ve nedenlerini araştırmak için çok önemli bir araçtır. Tembel olmayın! Yanda iki örnek var:

1. Örnek								
Tarih	**Döviz Çifti**	**İşlem**	**Fiyat**	**Stop**	**1. Hedef**	**Risk/ Getiri**	**Çıkış**	**Kâr/ Zarar**
23.07.2007	USDCAD	Sat	1,044	1,0475	1,0389	1,46	1,0365	75
24.07.2007	EURUSD	Al	1,3835	1,381	1,3845	0,40	1,3845	10
	GBPUSD	Al	2,0606	2,062	2,068	-5,29	2,0646	40
	USDCHF	Sat	1,2025	1,2045	1,2009	0,80	1,2045	-20
25.07.2007	EURUSD	Sat	1,3782	1,3826	1,374	0,95	1,3722	60
	GBPUSD	Sat	2,054	2,0585	2,0487	1,18	2,0487	53
	USDCHF	Al	1,208	1,2055	1,21	0,80	1,2117	37
26.07.2007	GBPUSD	Sat	2,0480	2,0515	2,0460	0,57	2,0239	241
	EURUSD	Sat	1,3692	1,3739	1,3666	0,55	1,3627	65
27.07.2007	NZDUSD	Sat	0,7795	0,7830	0,7746	1,40	0,76	195
	USDCHF	Al	1,2075	1,2057	1,2117	2,33	1,2116	41
								797

2. Örnek									
Tarih	**Döviz Çifti**	**İşlem**	**Fiyat**	**Stop**	**1. Hedef**	**Risk/Getiri 1. hedefe göre**	**Çıkış**	**Kâr/Zarar**	
19.02.08	USDCHF	SAT	1,0991	1,1018	1,0955	1,33	1,0908	83	83
20.02.08	AUDUSD	SAT	0,9130	0,9170	0,9100	0,75	0,9170	-40	43
	NZDUSD	SAT	0,7930	0,7960	0,7907	0,77	0,7960	-30	13
	EURUSD	SAT	1,4705	1,4725	1,4665	2,00	1,4725	-30	-17
	USDJPY	AL	108,26	107,96	108,50	0,80	107,96	-20	-37
21.02.08	GBPUSD	AL	1,9435	1,9410	1,9450	0,60	1,9508	78	41
	USDCHF	AL	1,1023	1,0990	1,1041	0,55	1,0990	-33	8
	EURJPY	SAT	158,9	159,3	158,66	0,60	159,3	-40	-32
	USDJPY	AL	108,26	107,9	108,65	1,08	107,9	-36	-68
22.02.08	GBPUSD	SAT	1,9624	1,9660	1,9604	0,56	1,9660	-36	-104
	USDCAD	AL	1,0131	1,0100	1,0160	0,94	1,0090	-38	-142
	EURJPY	SAT	158,82	159,20	158,63	0,50	159,20	-10	-152
	GBPJPY	SAT	210,62	211,00	210,05	1,50	211,00	-38	-190
25.02.08	EURUSD	SAT	1,4790	1,4820	1,4775	0,50	1,4820	-30	-220
	GBPUSD	SAT	1,9650	1,9680	1,9630	0,67	1,966	-10	-230
	USDCHF	AL	1,0905	1,0876	1,0938	1,14	1,0876	-29	-259
26.02.08	NZDUSD	SAT	0,8086	0,8120	0,8061	0,74	0,8120	-34	-293
	EURUSD	SAT	1,4790	1,4830	1,4760	0,75	1,4830	-40	-333
28.02.08	GBPUSD	SAT	1,9809	1,9848	1,9787	0,56	1,9797	12	-321
	AUDUSD	SAT	0,9390	0,9428	0,9360	0,79	0,9428	-38	-359
	NZDUSD	SAT	0,8132	0,8168	0,8110	0,61	0,8142	-10	-369
								-369	

Bu tablolarda gördüğünüz gibi, birbirinden tümüyle farklı iki hafta! Tahmin edersiniz ki 1. örneğin tamamlandığı hafta sonu keyfim bir hayli yerindeydi.

İkinci örnekteki hafta sonunda ise analiz zamanı ve "dur, bak, dinle" moduna girdik. Moralim bozuk muydu? Elbette! Ama elime bir şişe votka alıp hayatın anlamını sorgulamaya başlamadım! Nerede hata yaptığımı analiz etmek için kendimi tüm hafta sonu kapattım. Fon yönetimimdeki fonlardan bir tanesine ve işlem öneri hizmetine 2 hafta ara verdim. Sadece küçük hesabımın üzerinde yaptığım izlenimlere göre işlemler yaptım ve piyasayı ve kendimi tekrar gözden geçirdim.

Bu kitabı da bu dönem içerisinde bir araya getirmemin nedeni, tekrar her şeyin üzerinden geçmekti!

Kaybedeceğiniz anlar olacak. En iyi traderların bile kötü ayları olmuştur ve bundan kaçış yok. Allah sizi inandırsın, geçmişte, benim de mide ağrıları çektiğim zamanlar az değil ☺.

Biliyorum, duymak istemiyorsunuz ama "Eğer finansal emtia piyasalarında işlem yapacaksanız kaybetmeye alışın". Bunu aşarsanız başarılı olursunuz.

Para Yönetimi

Bu bölüm, bu kitabın en önemli bölümüdür!

Biz, para piyasasında para kazanma işiyle ilgileniyoruz. Dolayısıyla, parayı yönetmeyi bilseniz iyi olur! Birçok yeni trader piyasaya balıklama atlar ve hemen işlem yapmaya başlamak ister. Ne hesap ne de kitap yaparlar. "Yahu en kötü ihtimal bu işlemde bu kadar kaybederiz be abi..." mantığını hepimiz biliyoruz.

Biz, Allah'ına kurban bir şekilde işlem yapmayacağız çünkü biz kumarbaz değiliz. Bu, bizim işimiz ve işimizi akıllıca yaparak para kazanmak istiyoruz. Para yönetimi yapmadan işlem yaparsanız kumar oynuyorsunuz demektir! Yatırımcı değilsiniz, kumarbazsınız!

Para yönetimi bizi hem uzun vadede kazançlı kılar hem de korur.

İşlem stratejiniz % 70 üzerinde başarılı olsa bile, para yönetimi olmadan arka arkaya gelen birkaç zararlı işlem hesabınıza kötü bir darbe vurabilir. Hangi sistemi kullanırsanız kullanın, zamanı gelecek ve arka arkaya kaybettiğiniz bir dönem olacak.

Dolayısıyla, riskiniz her zaman sermayenizin küçük bir porsiyonu olmalıdır. Böylelikle, arka arkaya zarar geldiği zaman, bu zararları atlatacak bir birikiminiz olsun.

Bazı para yönetimi alternatifleri:

- Hiçbir zaman sermayenizin % 2 - % 5'inden fazlasını 1 işlemde riske sokmayın.
- Eğer sermayenizin % 6'sını 1 ay içerisinde kaybettiyseniz işlem yapmayı durdurun ve bir ara verin.
- Sermayenizi 20 eşit risk parçasına ayırın, 20 işlem yapın ve risk oranı parça başına % 5'ten fazla olmasın.

Örnek:

Yatırımcı, mini forex işlemlerine girmekte ve hesap bakiyesi $2,000.

5 lotluk bir işleme giriyor ve her lot için $30'lık stop loss yerleştiriyor.

Broker bunun için hesabınızdan $500 marjin alır.

Riski 5 x $30 = $150

Sermayesinin % 7.5'i riske edilmekte.

İşlem	Bakiye $	% 2 Risk
1	20.000	400
2	19.600	392
3	19.208	384
4	18.824	376
5	18.447	369
6	18.078	362
7	17.717	354
8	17.363	347
9	17.015	340
10	16.675	333
11	16.341	327
12	16.015	320
13	15.694	314
14	15.380	308
15	15.073	301
16	14.771	295
17	14.476	290
18	14.186	284
19	13.903	278
20	**13.625**	272

İşlem	Bakiye $	% 10 Risk
1	20.000	2.000
2	18.000	1.800
3	16.200	1.620
4	14.580	1.458
5	13.122	1.312
6	11.810	1.181
7	10.629	1.063
8	9.566	957
9	8.609	861
10	7.748	775
11	6.974	697
12	6.276	628
13	5.649	565
14	5.084	508
15	4.575	458
16	4.118	412
17	3.706	371
18	3.335	334
19	3.002	300
20	**2.702**	270

Bu örnek, biraz abartılı gelebilir. Sanki üst üste yirmi zararlı işlem yapmak mümkün değil gibi düşünebilirsiniz. Burada göstermek istediğim şey para yönetiminin önemidir.

Risk / Getiri Oranının Önemi

Eğer bir yatırımcının başarısını tayin eden tek bir faktör olsaydı, bu, işlemlerinde risk/kazanç kriteri kullanması olurdu. Neden bu kadar önemli?

1. Risk/kazanç oranı yatırımcının başarısıyla direkt ilişkilidir. Aşağıdaki tabloyu inceleyiniz.

2. Yatırımcıyı işleme girmeden önce direkt olarak işlemi analiz etmeye zorlar.

3. Stoplarınızı önceden belirler.

4. Yatırımcının gireceği işlemleri daha itinayla seçmesini sağlar.

RİSK (pip) örnek	Kazanç (pip) örnek	Risk (oran)	Kazanç (oran)	Başabaş başarı oranı	% 100 başarı ile 500 pip kazanç sağlamak için kaç işlem yapmak gerekir?	% 75 başarı ile 500 pip kazanmak için...	% 50 başarı ile 500 pip kazanmak için...
20	15	4	3	57%	33	80	0
20	20	1	1	50%	25	52	0
20	25	4	5	44%	20	38	200
20	30	2	3	40%	17	30	100
20	40	1	2	33%	13	20	50
20	50	2	5	28%	10	16	34
20	60	1	3	25%	8	14	26
20	80	1	4	20%	6	10	18

Riski Hesaplamak

Riskinizi tayin edebilmek için işleme girebileceğiniz en iyi yeri tayin etmelisiniz ve stop seviyesini trafiğin dışına koymalısınız. Bu konuyu stratejinize entegre etmek durumundasınız, yoksa başarılı olamazsınız.

Risk / Kazanç Oranınızı İyileştirmek İçin Tavsiyeler

1. Bir işleme girmek için küçük zaman dilimi çizelgeleri kullanırken genelde traderlar işleme giriş için destek / direnç, mum çizelge şekilleri vs. kullanırlar ve stop seviyelerini tayin ederler. Eğer sadece uzun vadeli çizelgelere bakarsanız stop seviyeleriniz gün içi işlem açısından gereksiz yere fazla olur.

2. Fiyat şekil kırılmaları daha küçük stoplar gerektirir ve fiyat kırılan bölgeyi tekrar geri aşarsa bu sahte kırılma olabilir ve bu durumda işlemden atılmak daha iyidir.

3. Mum çizelgelerinde güçlü trend değişimi şekillerinde stoplarınızı mumların alt ve üst sınırlarının altına koyabilirsiniz.

4. Bazen işleminiz stop koyacağınız yer açısından işlem yapmaya uygun değilse, o zaman başka bir döviz çiftine bakın.

Çarpıcı bir örnek: Risk getiri oranınızı 1:3 belirlediğinizi düşünün. Uzun vadede kârlı olma şansınız çok daha fazla.

10 İşlem	Zarar	Kazanç
1	$1.000	
2		$3.000
3	$1.000	
4		$3.000
5	$1.000	
6		$3.000
7	$1.000	
8		$3.000
9	$1.000	
10		$3.000
Toplam	**$5.000**	**$15.000**

İşleminizi Önceden Planlayın ve Planınızı Uygulayın

Eğer forex piyasasındaki kariyerinize bir para kazanma aracı olarak bakıyorsanız o zaman bunu tıpkı bir iş gibi değerlendirin.

Forex, sizin kendi işiniz. Düşünün ki bir şirket sahibisiniz ve para kazanmak için mal alıp satacaksınız ama hiç plan yapmamışsınız. Ne maliyet, ne kâr ne de risk... Uzun vadede para kazanmayı nasıl bekleyebilirsiniz ki?

Plan sizi rayda tutar ve disiplin sağlar. Stratejinizden şaşmamanıza ve her zaman istikrarlı işlem yapmanıza yardımcı olur.

Başarılı şirketlerin her zaman bir planı vardır.

Forex piyasasında herkes para kazanabilir. Ama kazananla kazanamayan arasındaki fark plandır. Eğer iyi bir işlem planınız ve buna sadık kalacak disiplininiz varsa başarılı olabilirsiniz.

Planınız Neleri Kapsamalı

1. İşlem stratejisi: Sistemin temel taşlarından bir tanesidir. İşleme giriş, çıkış ve stop seviyesini stratejinizde belirleyip tetiği ne zaman çekeceğinizi buraya yazacaksınız. Demo hesapta stratejinizi uygulayın ve ancak başarılı olduğunuzu gördükten sonra canlı işleme geçin.

2. Günlük işlem programı: Günün hangi vakti piyasayı analiz edeceksiniz ve işlemlere ne zaman girip yönetimini nasıl idare edeceksiniz?

3. Psikolojiniz: Hiç kimsenin umursamadığı ama başarılıyla başarısızı ayıran bir unsurdur. İşinize duygunuzu sokmayın. Piyasa ne yapacaksa yapacak. Piyasada gördüğünüzle işlem yapın, hissettiğinizle değil.

4. Zayıf noktalarınızı görün: Fazla işlem yapma eğiliminiz mi var? İşlemlerden gereğinden fazla erken mi çıkıyorsunuz? Para yönetim kurallarınıza uyuyor musunuz? Her zaman sisteminize uygun işlem yapıyor musunuz?

5. Amaç ne?: Piyasadan milyoner olmak mı? Lütfen, makul olun! İlk yapmanız gereken şey iyi bir trader olmak. İlk önce kendinizi geliştirin, forex piyasasında nasıl yer almak istiyorsunuz? Amacınızı hep göz önünde bulundurun.

6. İşlem kayıtlarınız: Her işlemin kaydını tutun. Tüm işlemlerin sonuçlarını analiz edin. Bu size zamanla çok yardımcı olacak ve yaptıklarınızdan kendinizi tanıyacaksınız.

3. BÖLÜM
FOREX PİYASASI STRATEJİLERİ

Öncelikle burada yer alan stratejilerle gidip forex piyasasında zengin olmaya çalışmadan önce bunları tanıtım hesabınızda iyice test etmelisiniz. Forex stratejileri her zaman kazandırmaz ama bunları yön bulmak için kullanabilirsiniz. Aşağıdaki stratejiler, piyasada var olan ve kullanılan şeyler. Önemli olan, sizin rahat ettiğiniz ve anladığınız bir sistemi istikrarlı olarak kullanmanız ve kazanmanız.

Hangi stratejiyi kullanırsanız kullanın, kurallara sadık kalmalı, para ve risk yönetim kurallarını uygulamalı ve işlemlerinizin kaydını tutup incelemelisiniz.

Bu tür stratejileri uygularken her zaman para kazanmanız elbette mümkün değil. Ama trendi yakalarsanız sonunu iyi bir şekilde kapatabilirsiniz.

Bu bölümde yarım ve bir saatlik, günlük örnek stratejiler aktaracağım.

Bunları tanıtım/demo hesaplarında denemenizi kişisel trade yaklaşımı açısından tavsiye ederim.

Birçok insan bana "Mutlu, sen bunları kullanıyor musun?" diye soruyor. Hayır, kullanmıyorum ama faydalanıyorum. Kullanmıyor olmam, işe yaramıyor anlamına gelmiyor.

Bu yüzden, açın bir tanıtım hesabı ve para yönetimi, risk yönetimi ve strateji disiplinini koruma psikolojinizi test edin!

Ne kadar çok test edip dener ve sonuçları ölçerek değerlendirirseniz sizin için en uygun stratejiyi bulur ve sistemli uygulamayla başarılı olabilirsiniz.

Bir veya Yarım Saatlik Grafikte RVI Stratejisi

Bu stratejiyi tüm paritelerde uygulayabilirsiniz. Genellikle 1 saat veya yarım saat grafiklerinde kullanılır. Bu strateji trendlerde çok başarılı olur. Yan giden piyasalarda değil! Önce piyasanın genel yönünü tayin edin.

Herhangi bir pariteyi açın ve 1 saat ya da yarım saatlik mum bar grafiğine ayarlayın.

İndikatörler: Hareketli ortalama 9 ve hareketli ortalama 100 koyun. Teknik indikatörlerden RVI'yı (Relative Vigor Index) ekleyin.

Alış: Hızlı ortalama (9), yavaş ortalama (100) üzerinden geçtikten sonra ve RVI, 0 seviyesinin üzerinde olduğu zaman.

Satış: Hızlı ortalama (9), yavaş ortalama (100) üzerinden geçtikten sonra ve RVI, 0 seviyesinin altında olduğu zaman.

Çıkış: 9 ve 100 ortalamaları tekrar kesişince pozisyonu kapat.

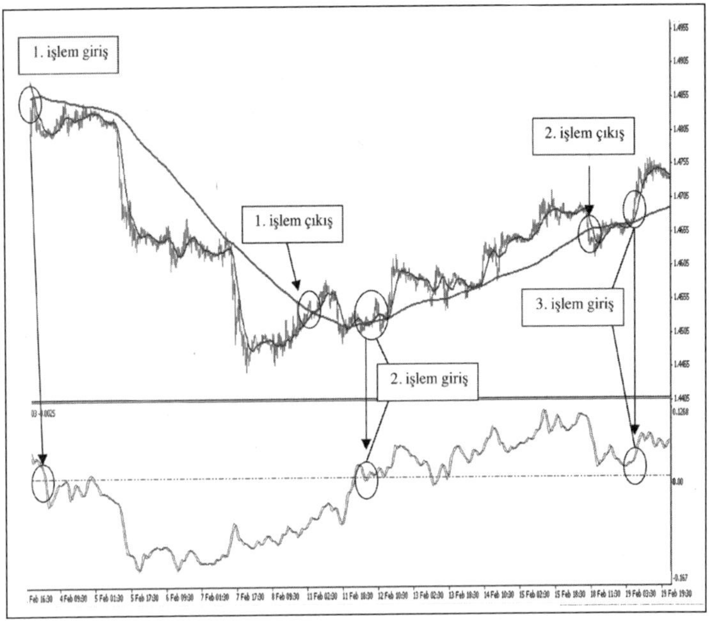

Bir veya Yarım Saatlik Çizelgede Dörtlü Ortalama

Önce kendimize bir şablon oluşturalım. 8, 12, 24 ve 72 üssel hareketli ortalamaları (platformlarda exponential moving averages, EMA olarak geçebilir) platformunuza koyun.

Bu sistemin amacı, çoklu zaman dilimlerini temsil eden ortalamaları kullanarak trendle aynı yönde işlem yapmaktır. Her zaman trendle işlem yapmalısınız. 72 ortalama, genel trendi tanımlıyor. Eğer kısa ortalamalar 72 ortalama çizgisinin üzerindeyse trend yukarı demektir, eğer kısa ortalamalar 72 ortalama çizgisinin altındaysa trend aşağı gidiyor demektir.

Bu sistemde iki çeşit giriş yapabilirsiniz:

1. Eğer biraz muhafazakârsanız 1 saatlik çizelgede; fiyatlar 8 ile 24 ortalamalarının arasına, ilk hareketten sonra biraz geri kayacaklardır ve siz de geri kaymadan işlem gireceksiniz, ya alış ya da satış ve trende eşlik edeceksiniz. Trend ne kadar agresif olursa geri kaymalar o kadar hafif olur. Trendin gücüne yönelik kanaat size aittir. 20 piplik kazançtan sonra trendin gidişatına göre takip edebilirsiniz.

2. Eğer biraz daha agresif işlemler yapacaksanız ve adrenalin seviyorsanız, yarım saatlik çizelgede; kısa ortalamalar 72 ortalamanın üzerinden geçti ve ana trend yönünü gösteriyor ya da ideal durumda sırasıyla sıralandılar (yani hızlı olandan yavaşa doğru sıralandılar). 20 pip için girin ve trendin hızına göre ya takip edin ya da kâr alıp çıkın.

20 pip küçük gibi gözükse de aslında son derece gerçekçi bir değerdir ve her gün 20 pip kazanacak olsanız, hiç fena para olmaz.

Piyasalar yan gittiği zaman bu stratejiyi kullanmayın. Trendin başını işaret eden koşullarda trende devam edilen geri kaymalarda iyi sonuç alabilirsiniz.

Bu sistemle ilgili yan sayfada bir örnek görebilirsiniz.

1 ve yarım saatlik çizelgede 4'lü ortalama sistemi örneği:

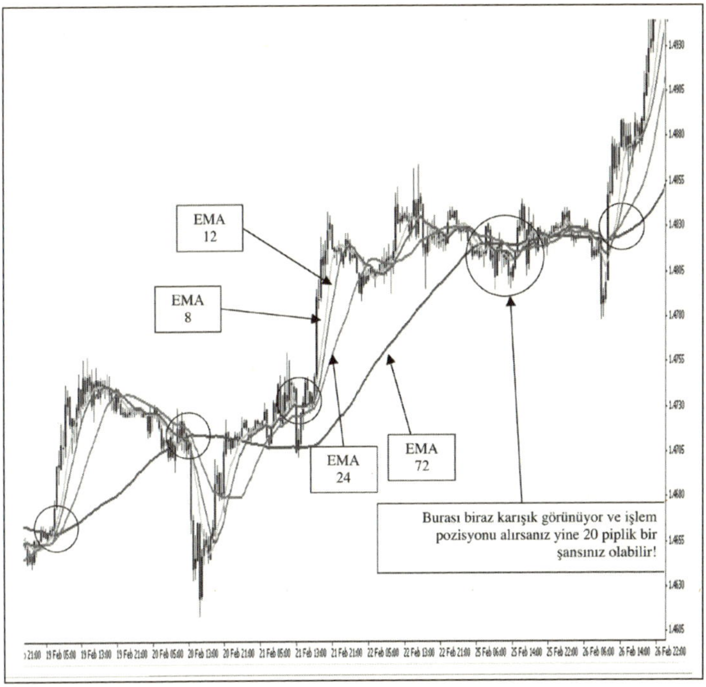

5x5 Günlük Strateji

Adından da belli olduğu gibi, bu strateji günlük çizelgelerde kullanılıyor.

Günlük grafiğinize 5 basit ortalama (platformlarda simple moving average, SMA olarak geçer) ve RSI 5 koyun.

Alış işlem kuralları: Fiyat 5 SMA'nın üzerine +10 pip çıkacak ve RSI 50 sayısının üzerinde olmalıdır.

Satış işlem kuralları: Fiyat 5 SMA'nın altına geçip -10 pip ilerledikten sonra ve RSI 50 seviyesinin altında olmalıdır.

Stop seviyenizi destek direnç seviyesine göre tayin edin.

Çıkış kuralları: Size bağlı.

Tepe ve Dip Bulma Stratejisi

Bu metodu 15 dakika, 30 dakika, 1 saat, 4 saat ve 1 günlük zaman periyodunda kullanabilirsiniz. Örneğin; EURUSD için kendinize platformda bir sayfa oluşturabilirsiniz ve tüm bu zaman dilimleri bir şablon altında olabilir. Yandaki gibi:

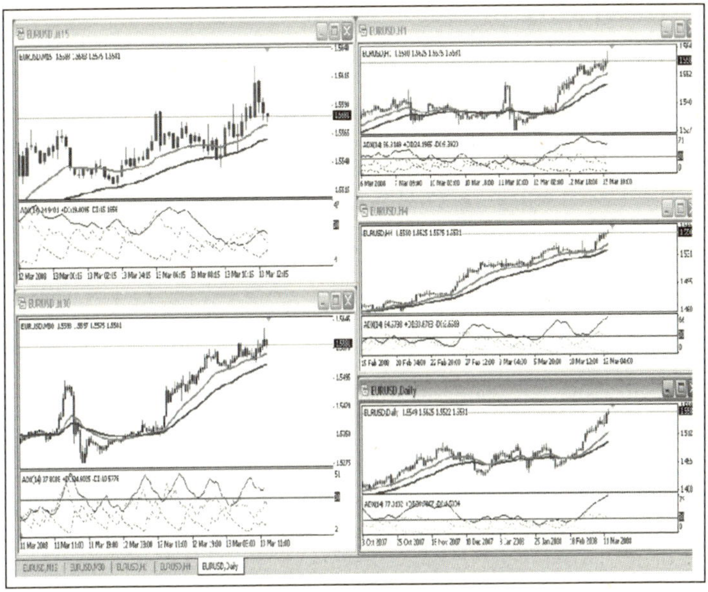

Birçok platformda bu tür bir düzen kurabilmeniz lazım, eğer kuramıyorsanız brokerinize "elveda bebek" diyerek yeni bir broker aramaya başlayabilirsiniz. Bu tür uygulamalar platformlarda standarttır ve brokeriniz size bunlara ihtiyacınız yok ya da bunlar artık kullanılmıyor vs. gibi şeyler söylerse bu brokere hiç bulaşmadan ayrılın.

Yukarıdaki gibi bir görüntü yaptıktan sonra (yukarıda EURUSD var ama her parite için bu metodu kullanabilirsiniz), tüm zaman dilimlerine aşağıdaki indikatörleri girin.

EMA (Exponential moving average): 20 (grafikte yukarıdaki açık renkli çizgi)

EMA: 40 (grafikte aşağıdaki koyu renkli çizgi)

ADX (Average directional movement index): 14 standart ayar olması lazım, eğer değilse 14'e değiştirin.

Kurallar:

1. Tüm çizelgeleri gözden geçirin ve ADX'in ana çizgisinin, 30 değerinin üzerinde olup olmadığını kontrol edin. Günlük grafikten geriye doğru (günlük, 4 saatlik, 1 saatlik, 30 dakika ve 15 dakikalığa doğru) gelerek ilk önce ADX'in 30 seviyesinin üzerinde olan bir zaman dilimi bulmamız lazım.

2. Eğer birden fazla zaman diliminde ADX 30 sayısının üzerindeyse o zaman en büyük olan zaman periyodunda kalın (bu yüzden günlükten geriye doğru geliyoruz).

3. Zaman periyodunu seçtikten sonra 20 EMA ortalamasından ilk seken barda işlem yapacağız. Bunun için bir limit emri vereceğiz: Eğer trend aşağı doğru ilerliyorsa fiyatın 20 EMA ortalama çizgisine geri kaydığı ve dokunduğu zaman satış pozisyonu açacağız. Eğer yükselen trend içerisinde işlem yapıyorsak tam tersini yapacağız. Fiyatın 20 EMA ortalamasına geri kaymasını bekleyeceğiz ve alış yapacağız. Burada önemli olan, eğer fiyat birden fazla grafikte ADX 30 seviyesinin üzerindeyse, en yüksek zaman diliminde olduğuna dikkat edin ve o grafikte işlem yapın. Önemli olan ikinci şey, fiyatların bazen 20 EMA'yı biraz aşabileceğidir. O yüzden limit emrinizi verirken bir boşluk olabileceğini hesaplayın.

4. Stopunuzu 40 EMA'nın alışlarda altına, satışlarda üzerine koyun.

5. Çıkış: ADX 30'un altına inince pozisyonu kapatın.

Aşağıda bu sistemle ilgili iki örnek var.

1. Grafik USDCHF ve düşüş trendinde satış örnekleri. En alttaki satış pozisyonunda ADX'in neredeyse 30 seviyesine geldiğini görüyorsunuz. Bu, artık trendin gücünün zayıfladığına dair bir işarettir ve belki satışa girmemek daha akıllıca olabilir.

2. Grafik, EURUSD yükseliş trendinde alış örnekleri.

USDCHF 1 saatlik grafik:

EURUSD 1 saatlik grafik:

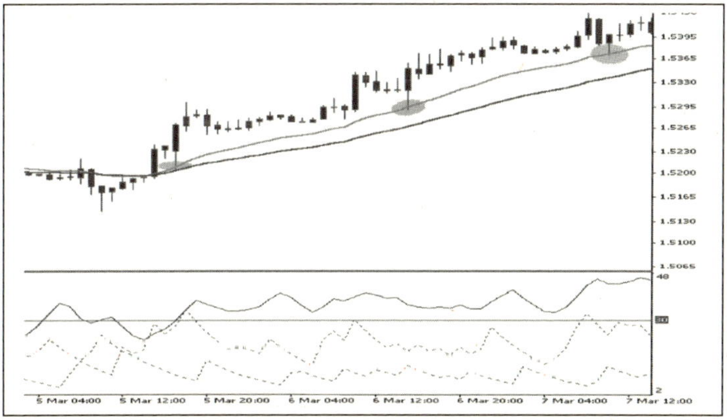

Trend Senin Dostun Metodu

Bu metot 15 dakikalık grafiklerde işlemler yapmanıza yönelik bir strateji. Bu metodu kullanırken 4 saatlik grafikte, önce trendi tayin edeceksiniz ve sonra 15 dakikalık grafikte trendin yönünde işlemler yapacaksınız. Bu yüzden adı, trend senin dostun, hep trendin yönüne işlem yapacaksınız.

Temel prensip, 4 saatlik grafikte ana trendin yönünü tayin etmek ve 15 dakikalık grafikte trendin yönüne işlem yapmak. Örnekteki grafiklerin saatleri uyuşmuyor.

4 saatlik grafiğe:

5 EMA kapanış fiyatı (close price)

10 EMA

Stokastik (10,3,3)

RSI (9)

15 dakikalık grafiğe:

4 saatlik grafiğe konulan tüm analiz araçlarını koyun ve ek olarak MACD osilatörünü ekleyin. Standart ayarları kullanabilirsiniz.

Aşağıda 4 saatlik grafik var ve USDCHF paritesini inceliyoruz.

4 saatlik grafikte ana trend yönünü tayin ettikten sonra şimdi 15 dakikalık grafiğe bakabilir, işlemler yapmaya başlayabiliriz.

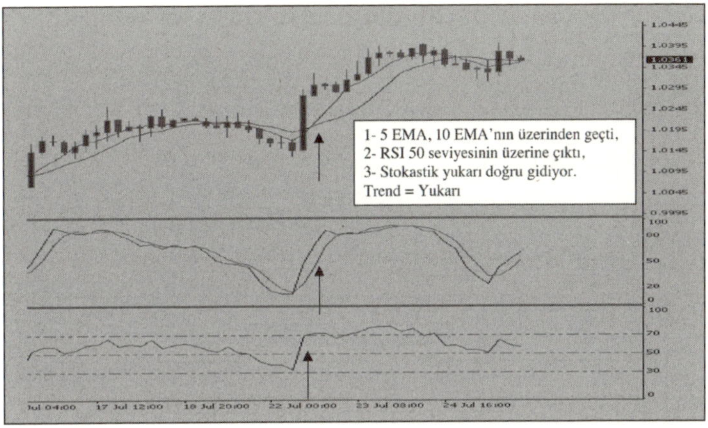

Aşağıda 15 dakikalık zaman diliminde inceliyoruz.

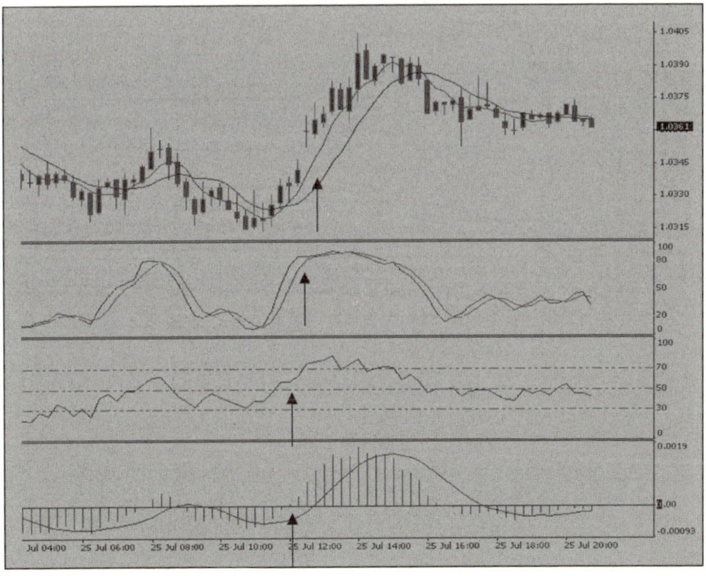

15 dakikalık grafikte de uygulamamız gereken şey, 4 saatlik grafiğe paralel gitmek ama ek bir koşul var: MACD barları sıfır çizgisinin üzerine ya çıkmak üzere ya da yeni

çıkmış olmalı. Yoksa trende geç kalmışsınız demektir. 15 dakikalık grafikte dört koşul da var olmalı:

1- 5 EMA, 10 EMA'nın üzerinden geçmeli,

2- Stokastik yukarı doğru gidiyor olmalı,

3- RSI 50 seviyesinin üzerine çıkmış olmalı,

4- MACD ya sıfır seviyesini yeni geçmiş ya da yeni geçmek üzere olmalı.

Stop seviyesi: Stopunuzu dönüm noktasının en düşük barının hemen altına koyabilirsiniz.

Kâr al: 5 EMA, 10 EMA'nın ters yönde üzerinden geçtiği zaman işlemi kapatıp kâr alabilirsiniz.

Satış için yukarıdaki örneğin tam tersini yapmanız gerekiyor.

4. BÖLÜM
GERİ TEST (BACK TESTING)

Geri test, strateji uygulamaları ve teknik stratejilerin verimini sınamak için geçmiş dönemlere ait çizelgeleri dönem dönem ilerleterek canlı işlem yapıyormuş gibi kararlar vermektir.

Yapılan işlemlerden bir dizi kayıt oluşur ve bu kayıt stratejinizin başarısını analiz etmenize yarar.

İşlem Kuralı

Rastladığım başarılı traderların hepsi aşağıdaki kuralı uygular:

- Yazılı strateji YOKSA
- Kabul edilir geri test kayıtları YOKSA
- Stratejinin demo hesapta denemesi YOKSA

O ZAMAN CANLI İŞLEM YOK!

Geri Testin Faydaları

- Stratejinizi risksiz deneyebilirsiniz.
- Stratejinizi sınamanın çabuk yoludur.
- Güven ve stratejiye inanç geliştirir.
- Stratejiyi rafine etmek için fırsat sağlar.
- Stratejiniz için işlem tarihçesi oluşturur.

Geri Testin Olumsuzlukları

- Sadece stratejinin teknik tarafını sınayabilirsiniz, canlı ortam simülasyonu değil.

- Geri test çok sıkıcı, zaman alıcı ve zordur.

- İşlemin duygusal yanı sınanamaz.

- Her zaman canlı işlemlerin daha az verim sağlayacağı varsayımında olun.

Geri Test Yapmanın Psikolojik Yanı

- Geri test yapma bilinçsiz beceriksiz ile bilinçsiz becerikli arasındaki farkı yakınlaştırır.

- Bir beceri geliştirirken 4 safhadan geçersiniz:

1. Bilinçsizce beceriksiz
2. Bilinçli beceriksiz
3. Bilinçli becerikli
4. Bilinçsiz becerikli

Bilinçsizce Beceriksiz

Sokaktaki adamın internetten döviz alma fırsatı olmadığı dönemlerdeki kişiye bilinçsiz beceriksiz diyebiliriz çünkü bu piyasadaki beceriksizliğinizi bilmiyorsunuz.

Bir bebeğin araba kullanma ihtiyacının bilincinde olmaması gibi.

Bilinçli Beceriksiz

Forex piyasasındaki olasılıkları keşfetmeye başladıkça, (demo hesabınızda) para kaybettikçe ve başarılı insanları tanıdıkça bu piyasada beceriksiz olduğunuzun bilincine varırsınız.

10 yaşındaki bir çocuğun babasının arabasını kullanmak istemesi ama bu aşamada beceremeyeceğini bilmesi gibi.

Bilinçli Becerikli

Forex piyasasını daha yakından öğrenerek ve başarılı stratejileri uygulayarak bilinçli olarak becerikli olmaya başlarsınız.

Bu aşamada bilinçli olarak giriş noktanızı, işlem yönetiminizi ve çıkışınızı incelemektesiniz.

Başarı oranınız artmaktadır ama bir hayli analiz ve kontrolden geçirmeniz gerekiyor. Geri testle ve bazı canlı işlemlerle güveniniz artar.

Sürüş dersleri aldıktan ve biraz araba kullandıktan sonra, kişi beceriyi edinir ama hâlâ olayın teknik yollarını düşünmesi gerekir.

Bilinçsiz Becerikli

Birçok geri test ve demo işlemleri yaparak sisteminize olan aşinalığınız, inancınız ve güveniniz o kadar yüksek olur ki, risk getiri oranı, kayıp stop koyma yerini, işlemden çıkış noktanızı ve para yönetiminizi yapışınız o kadar otomatikleşir ki girdiğiniz işlemler, içinizde herhangi bir çelişki yaratmaz ve objektif işleme girebilirsiniz. Bu seviyeye gelmenizde geri test işlemleri yapmak çok büyük rol oynar.

Yıllarca araba kullandıktan sonra, kişi aracı kullanırken mekanik olarak davranmaya başlar, yaptıklarında seridir ve fazla düşünce yoktur.

Geri Test Metodolojisi

- Sonuçları analiz etmek için mumlar kullanın.
- Stratejinizi net bir şekilde yazın. Bir başkasının okuyup uygulayacağı kadar net olmalı.
- Bazı çıkış stratejilerini deneyin.
- Birden fazla lot işlem tekniği deneyin.
- Testinizi bir mum olarak yapın.
- En kazançlı ve riske en çok maruz kaldığınız işlemleri kaydedin.
- Birçok piyasa koşulunu kapsayan bir zaman döneminde test yapın.

5. BÖLÜM
ŞİMDİ NE OLACAK?

- Eğer henüz yok ise, bir tanıtım hesabı (demo) açın. Türkçe soru sorabileceğiniz ve forex piyasasından anlayan, Türk müşteri yetkilisi olan bir şirket seçin.
- Çizelgelere destek/direnç ve trend çizgileri çizerek biraz alışın.
- Platforma aşina olun, özellikle işlem emirlerine ve teknik analize.
- Haberlere nasıl ulaşacağınızı gözden geçirin ve temel analize kulak verin.
- Kişisel birkaç stratejiyi bir araya getirin ve test edin.
- Fiyat hareketliliklerine önem verin.
- Uyumsuzluk (divergence) koşullarına dikkat edin.
- Tüm bilginizi bir araya getirin.

Önümüzdeki bir iki ay...

Verilecek Kararlar

İşlem zaman süreci	Kullanılan çizelgeler	İşlem zaman süreci
Kafa derisi yüzücüler (Scalper)	1 – 30 dakika arası	+/- 1 saat
Gün içi Trader	5 dakika ila 1 saat	+/- 1 ila 4 saat
Günlük Trader	1 saat - saatlerce	6 saat - 2 gün
Uzun vadeli Trader	Günden haftalık	1 gün - haftalar

Verilecek Kararlara Devam...

Trader tipi	Teknikler	En iyi piyasa
Trendle giden	Hareketli ortalama, Kanallar, Trend çizgileri	Trend eden piyasa
Geri kayan/toparlayan (Retracement)	Momentum, destek ve direnç	İşlem piyasa (trading) yatay piyasa
Kırılma (Breakout)	Trend çizgileri, fiyat modelleri, destek ve direnç	İşlem piyasa (trading) yatay piyasa
Fiyat Modelleri	Trend çizgileri, destek ve direnç	Hem trend hem yatay piyasalar
Dalga İşlemleri (Wave Trader)	Trend çizgileri, destek ve direnç, Fibonacci oranları	Trend gösteren piyasa

Pratik Yapacaklarınız...

1. Teknik analiz ile test/deneme yapın.

2. Platform kullanımında becerikli olun.

3. Kitabı sürekli gözden geçirin.

4. Demo İşlem: Kısa dönem işlem yapın, kafa derisi yüzün.

5. Yüksek olasılık demo işlemleri deneyin.

6. Kişisel strateji oluşturun.

7. Canlı işlem yapar gibi demo işlemlere girin.

8. Mini hesapla canlı işleme girin.

9. Mini hesabınızı büyütün ve normal hesaba çıkın.

10. Okumaya, analize, tartışmaya devam edin.

Başarılı olmak için aşağıdaki nitelikleri geliştirin:

- Sabır
- Disiplin
- Profesyonel yaklaşım
- Çaba
- Güven
- Sisteminize inanç
- Sakin olmak
- Sisteminizi ve sonuçlarınızı sahiplenmek!

Sonuç

Bu piyasa çok heyecanlı, eğlenceli ve birçoğunuz için yeni bir hayat felsefesi.

Bilgi ve becerinize ek olarak olumlu kişisel değişiklikler yaşayacaksınız.

Bu piyasada çok ilginç kişilerle tanışacaksınız.

Lütfen bu yolda ilerlerken kendinizi geliştirmeye önem verin. Bu beceriyi geliştirirseniz ömür boyu kazanç sağlayabileceğiniz bir iş olur ve size tahmininizden daha fazla bağımsızlık getirebilir.

6. BÖLÜM
EKLER

Fiyat Şekilleri / Modelleri

Düşen Üçgenler

Genellikle Ayı Üçgeni: Fiyat düşüyor.

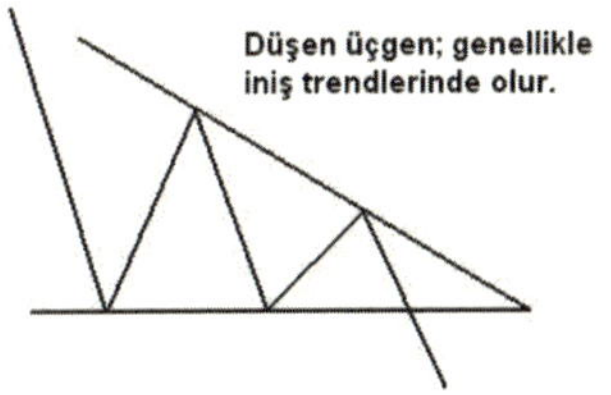

Bayraklar

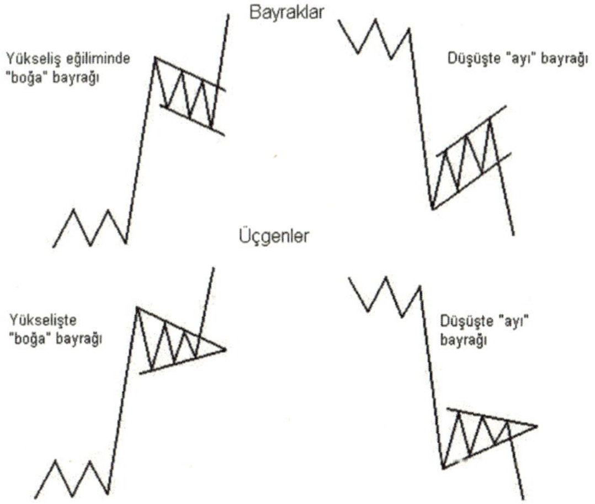

Baş ve Omuzlar

Ters Baş ve Omuzlar

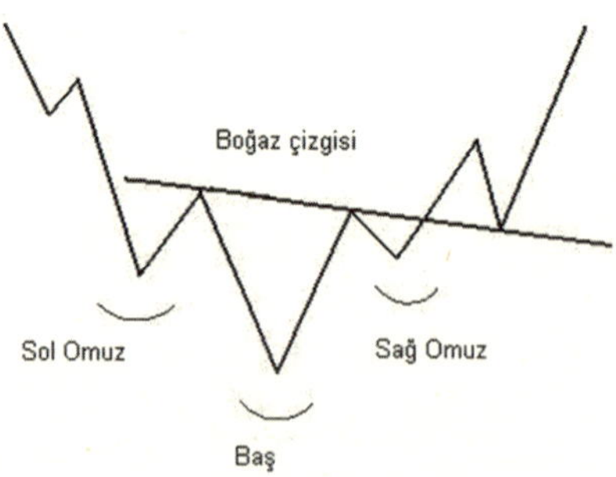

Üçgenler

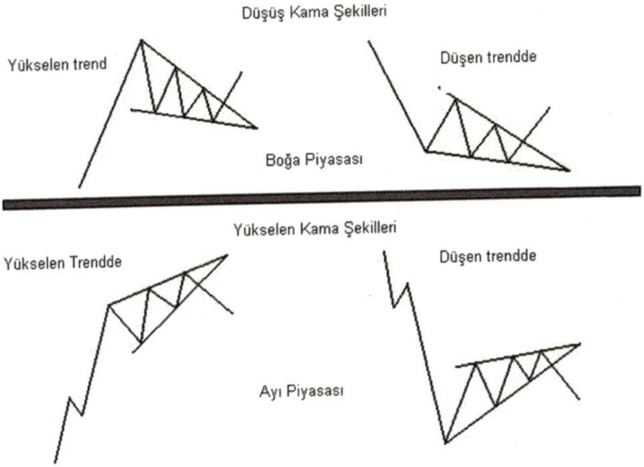

Dikdörtgenler

Kanallar

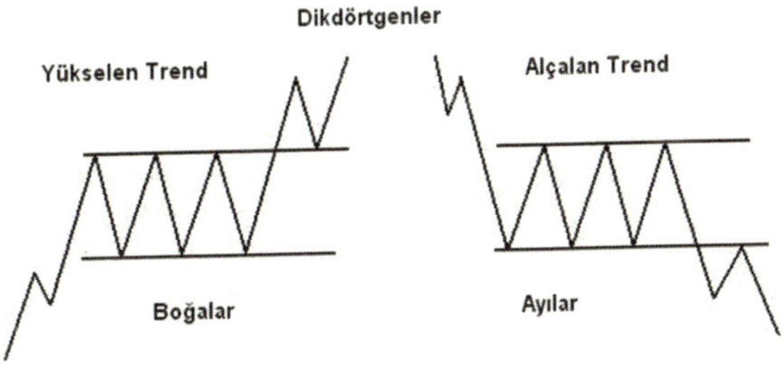

Fiyat modelleri/şekilleri ve trend çizgileriyle işlem yapmanın avantajları

1. Kâr beklentisi, genelde tahmin edilebilir.

2. Çoğunlukla insan psikolojisine bağlıdır, herkes aynı şekillere bakıyor.

3. Potansiyel olarak diğer metotlara nazaran daha az kesme hareketleri vardır.

4. Bu metotla tahminin olma olasılığı daha fazladır, limit ve stop tayinleriniz daha kolay olur.

5. Risk/kazanç oranları çok iyidir, zira şekil beklentisi tahmin edilir olduğundan daha küçük stop koyabilirsiniz.

Dezavantajlar

1. Kişiye bağlıdır – kişinin görmesi lazım.

2. Fiyat formasyonlarında işleme giriş, genelde trend olduktan sonradır.

Trend Çizgisinin Gücünü Tayin Etmek

1. Zaman dilimi

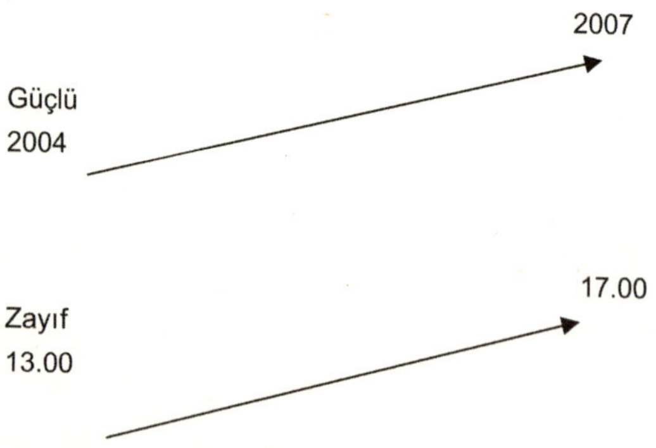

2. Kaç kere çizgiye dokunduğu

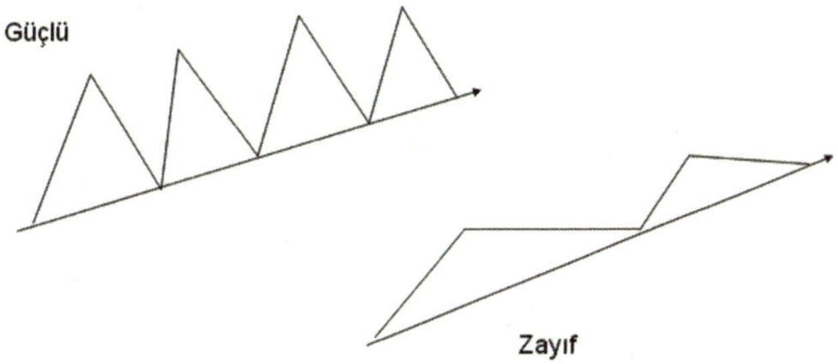

3. Formasyonların yüksekliği

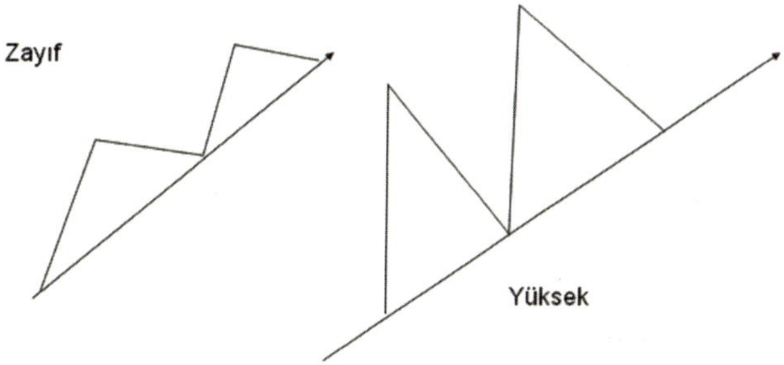

4. Fiyat modeli ile birlikte olması

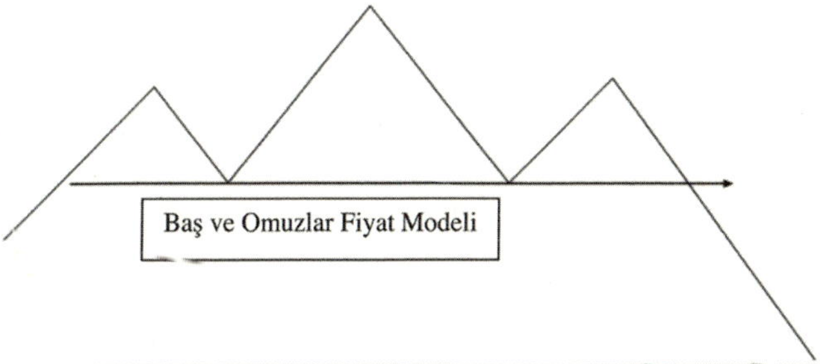

5. Çizginin daha önce destek ve direnç görevi görmesi

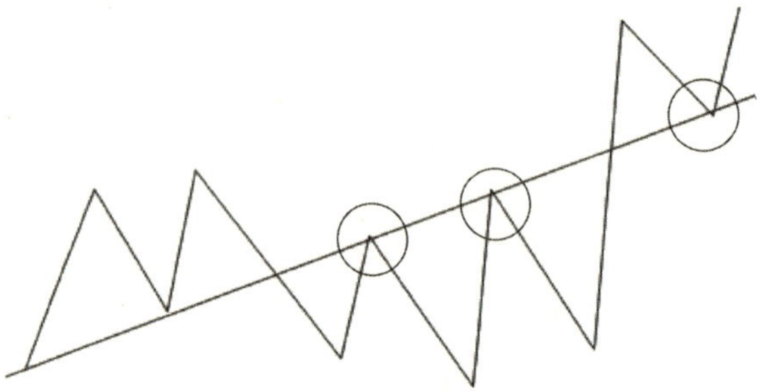

6. Diğer trend çizgileriyle ortak noktası var mı?

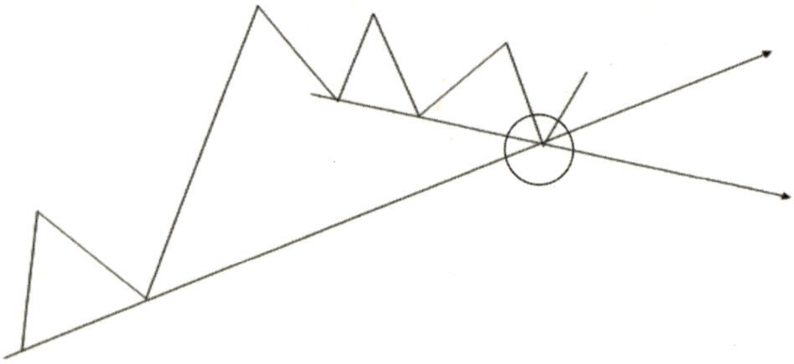

Temel Analizde Ana Döviz Çiftlerinin İlişkisi

EUR/USD

Dolar zayıfladıkça EUR/USD yükselir.

ABD'nin güç kazanması yabancı talebi artırır ve dolayısıyla EUR/USD düşer.

Eğer ABD ekonomisinin güç kaybedeceğini ve USD'yi zayıflatacağını düşünüyorsanız, Ask (Buy) düğmesine basacaksınız, yani EUR almaktasınız ve USD'ye karşı değer kazanacağını düşünüyorsunuz.

Eğer ABD emtialarını, örneğin hisse ve bonolarını ve USD'yi olumlu etkileyeceğini düşünüyorsanız, Bid (Sell) düğmesine basacaksınız. Bu, USD alıyorsunuz demektir. USD'nin Euro'ya karşı değer kazanacağı beklentisindesinizdir.

GBP/USD

Yüksek faiz ve İngiltere ekonomisinin büyümesi GBP / USD çiftini yükseltir.

İngiltere'nin Euro'ya geçeceği gibi bir söylenti ise GBP / USD düşürür.

Eğer İngiliz ekonomisinin yüksek faiz ve güçlü bir ekonomiyle büyüyeceğini düşünüyorsanız o zaman GBP / USD çiftini Buy (Ask) düğmesiyle satın alırsınız, yani İngiliz Sterlini'nin Amerikan Doları'na karşı değer kazanacağına dair beklentiniz vardır.

Eğer İngiltere'nin Euro'ya geçeceğine veya ekonomik ve faiz göstergelerinin zayıf olduğuna inanıyorsanız, o zaman, Sell (Bid) düğmesine basarak Sterlin'in zayıflamasına karşın Dolar alıyorsunuz demektir.

USD/JPY

Japon hükûmetinin Japon Yeni'ni zayıflatmak için müdahale etmesi USD / JPY çiftini yükseltir ve Japon finansal emtialarını aşağıya çeker.

Japon hükûmeti Yen'e müdahalesiyle bilinir. Eğer Japon hükûmetinin Yen'i zayıflatacağını düşünüyorsanız USD/JPY alırsınız çünkü USD'nin Yen'e karşı değer kazanacağı beklentiniz vardır.

Eğer Japon yatırımcıların ABD finansal piyasalarından paralarını çekmeye başladıklarını ve fonlarını Japonya'ya yönelttiklerini düşünüyorsanız, o zaman, Bid (Sell) düğmesine basarak USD/YEN satarsınız çünkü USD'nin Yen'e karşı değer kaybedeceğini düşünüyorsunuzdur.

USD/CHF

Eğer dünya ekonomisi dengeli veya global ekonomi iyileşmeye başlıyorsa USD/CHF yükselir. Jeopolitik dengesizlikler ise bu çifti aşağı indirir.

Dünya istikrar kazanmaya başladıkca insanlar paralarını güvenli İsviçre bankalarından almaya başlarlar, bu yüzden siz de bu çifti böyle bir durumda, USD'nin güç kazanacağı ve İsviçre Frankı'nın değer kaybedeceği beklentisiyle almayı düşünebilirsiniz.

Başka bir senaryo da Ortadoğu'daki çatışma ve ABD finans piyasalarının belirsiz durumu karşısında yatırımcıların bu çifti satmayı düşünmeleridir. Örneğin; Şubat-Mart 2008'de olduğu gibi.

EUR/CHF

Bazen İsviçre hükûmeti "sözsel" ifadelerle CHF'yi zayıflatır ve EUR/CHF yükselir.

Eğer AB'nin büyük ekonomilerinde, Almanya ve Fransa'da enflasyon yükselirse EUR/CHF aşağı düşebilir.

Yukarıdaki durumlara benzer olarak, eğer İsviçre hükûmeti ihracata yönelik para biriminin değerini düşürme yönünde harekete geçerse, o zaman, EUR/CHF alırsınız çünkü EUR'nin değeri artma eğilimli olur.

Ya da eğer AB ülkelerinde enflasyon artarsa EUR/CHF satmayı düşünebilirsiniz.

AUD/USD

Yüksek emtia fiyatları AUD/USD'yi yükseltir.

Kuraklık gibi ekolojik dengesizlikler de Avustralya ekonomisini ve dolayısıyla AUD/USD çiftini zayıflatır.

Örneğin, emtia fiyatlarının ve AUD'nin yükseleceğini düşünüyorsanız, o zaman, bundan faydalanabilirsiniz ve AUD/USD alabilirsiniz.

Avustralya'nın 2005 yılındaki gibi tekrar bir kuraklık geçirmesi söz konusu ise belki satmayı düşünebilirsiniz.

USD/CAD

Eğer Kanada ekonomisi, ABD ekonomisine karşı zayıfsa USD/CAD yükselir.

Kanada'da yüksek faiz ve işsizliğin düşük olması veya petrol fiyatlarının yükselmesi USD/CAD çiftini aşağı çeker.

Eğer ABD ekonomisinin güç kazanacağına ve Kanada ekonomisinin daralacağına inanıyorsanız bu çifti almayı düşünürsünüz.

Eğer Kanada faiz oranları yüksek olursa ve işsizlikte düşüşle ekonomi iyiye gidiyorsa bu çifti satmayı düşünebilirsiniz.

NZD/USD

ABD'de kötü hava koşulları ithal buğday talebini artırır ve genelde NZD / USD yükselir.

Yeni Zelanda faiz oranlarının düşüşe geçmesi ise NZD / USD çiftini düşürür.

ABD'de sık sık olmaya başlayan kasırgalar buğday ithalatlarını Yeni Zelanda gibi ülkelerde artırdığından bu çifti böyle anlarda, NZD'nin değer artışına geçeceğini beklediğinizde almayı düşünebilirsiniz.

Eğer Yeni Zelanda'da faiz oranlarının düşeceği ve ABD'de yükseleceği haberini değerlendirecek olursanız o zaman bu çifti satmayı düşünebilirsiniz.

7. BÖLÜM İKİLİ OPSİYONLAR (BINARY OPTIONS)

İkili Opsiyon Nedir?

Bazen dijital opsiyon olarak da adlandırılan ikili opsiyonlar, kısa vadeli finansal araçlardır. İşlem yapılan finans aracının fiyatının opsiyon vadesi bitimindeki fiyatıyla, işlem yapıldığı zamanki fiyatına kıyasla, yukarıda mı yoksa aşağıda mı kapanacağına dair yapılan işlemlerdir. Bu işlemlerde risk ve kazanç miktarları önceden tayin edilir. Elde edilen kazanç finansal aracın fiyatının ne kadar arttığına bağlı değildir.

İkili opsiyonlar, traderların finansal araca yatırım yapıp sahibi olmadan, spekülatif işlem yaparak büyük kâr oranları elde etmelerine imkan verir.

Kazanabilmek için traderın sadece, fiyatın opsiyon süresi içinde yükseleceğini ya da azalacağını bilmesi yeterlidir. İşleme giriş fiyatı (Strike Price) pozisyonun açıldığı zamanki fiyatıdır. Fiyatın ne kadar artacağını ya da düşeceğini bilmeniz gerekmemektedir. Eğer fiyatın artacağına yönelik bir analiz yaptıysanız, bir puan artması kazanmanız için yeterlidir ve aynı şey satış pozisyonları için de geçerlidir. Dolayısıyla traderın bilmesi gereken tek şey piyasanın yönüdür ve doğru işlem kazanç sağlar.

Neden İkili Opsiyon?

İkili opsiyon piyasası geçmişte sadece brokerler ve bankalar arasında tezgah üstü piyasa olarak işlemleri hedge yapmak için kullanılırdı ve "Exotic Options" olarak bilinirlerdi.

Son zamanlarda ikili opsiyonlar tıpkı forex piyasasında olduğu gibi tüm yatırımcılara açılmış durumdadır ve Avrupa Birliği'nde finansal araç olarak tanımlanıp denetimi yapılmaya başlanmıştır.

İkili opsiyon işlemlerinin son zamanlarda forex piyasasındaki retail yatırımcı işlemleri rakamlarına yakınlaştığı söylenmektedir. Bu piyasanın hızlı gelişmesinin nedenlerini kısaca şöyle analiz edebiliriz:

1- İkili opsiyonlar çok kısa vadede işlem olanağı sağlar. İşlemleriniz 60 saniyeden on beş dakika, bir saat, bir hafta ve bir aya kadar bir zaman dilimini içerebilir. Bu yüzden gün içerisinde zamanı az olan traderlar kısa vadede işlem yapabilirler.

2- Risk yatırımla sabittir. Her trader risk edeceği miktarı işlem yatırımıyla tayin ettiği için işleme koyduğu miktardan daha fazlasını kaybetmesi mümkün değildir. İşlemlere $50 ya da bazen daha düşük miktarlarda bile girebilirsiniz. Bu yüzden sermayenizi muhafaza etmeniz de daha kolay olur.

3- Kazanç oranları %71 ile %81 arasında rakamlar olduğundan, bir saat, on beş dakika gibi kısa zaman dilimleri içerisinde yatırımı %71-%81 arasında arttırabilmek mümkündür.

4- İşlem yapmak ve işlem emirleri sadece tek yönde olduğundan, bu kolaylık herkese işlem yapma fırsatı sağlamaktadır.

5- Piyasa 24 saat açıktır. Türkiye saatiyle Pazar gecesi 23:00'de açılır ve Cuma akşamı 23:00'de kapanır. Bu yüzden traderlar istedikleri zamanda işlem yapabilirler. Forex piyasasında genelde hareketli saatler Londra ve New York saatleridir ve traderlar genelde o saatlerde işlem yapmak zorundadırlar ki fiyatların hareketinden para kazansınlar. İkili opsiyonlarda kazanmanız için işlem yaptığınız yönde piyasanın sadece bir puan oynaması yeterlidir. Bu yüzden 24 saat işlem fırsatı forex piyasasına kıyasla çok daha avantajlıdır.

6- Kazanmanız için bir puanlık bir hareket yeterlidir. Bu konuya yukarıda 24 saat işlem yapma fırsatında değindim ama ayrı bir avantaj olarak da altını çizmekte fayda var. İşleminizin başarılı olması ve kazanabilmeniz için piyasada sadece 1 puanlık hareket olması yeterlidir. Örneğin EUR/USD'de bir ARTAR (AL) işlem pozisyonu açtıysanız ve işleme giriş fiyatınız 1,3000 ise, opsiyon süresi dolduğunda fiyat 1,3001 olsa bile %71 ile %81 arasında kâr elde etmiş olmaktasınız. Bu yüzden forex veya borsada olduğu gibi fiyat artışlarını beklemeniz gerekmemektedir.

Üç Basit Adımda İşlem

İkili opsiyon işlemlerinin traderlar arasında giderek

daha da yaygın olmasının nedeni öncelikle kolaylığından kaynaklanmaktadır. İkili opsiyonlar öncelikle fazla analiz gerektirmez ve traderlara çok kısa zaman dilimlerinde son derece yüksek kazanç oranı bıraktığı için tüm dünyada son derece yaygın hâle gelmişlerdir.

Birkaç çeşit ikili opsiyon işlem aracı bulunmaktadır. GFM Trader platformuna bakarak bunları tanıyabiliriz.

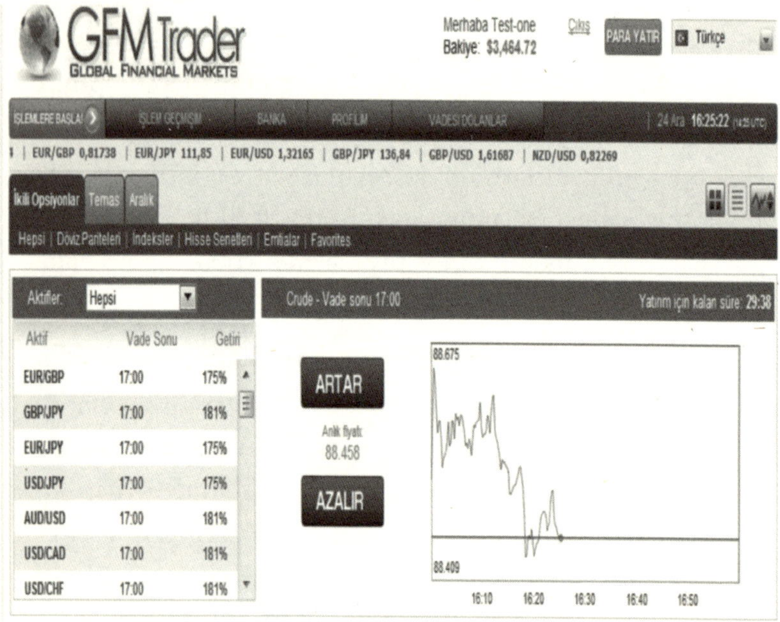

Platform sahibi: GFM Trader. www.gfmtrader.com 2012 yılı platformu.

İkili opsiyonlarda iki çeşit işlem emri bulunur: **CALL** (ARTAR/ AL) ve **PUT** (AZALIR/ SAT). ARTAR (CALL) opsiyonları, işlem yaptığınız finansal aracın opsiyon süresi tamamlandığında daha yukarıda olacağına dair yapılan işlemdir. AZALIR (PUT) opsiyon işlemi ise işlem yaptığınız finansal aracın opsiyon süresi tamamlandığında daha aşağıda olacağına dair yapılan işlemdir. İşlemin bitiş zamanı platformda "Vade Sonu" olarak görülebilir.

İkili opsiyon işlemlerinin nasıl yapıldığına bir bakalım:

1- İşlem yapmak istediğiniz finansal aracı seçiniz.

2- Hangi çeşit opsiyon işlemi yapacağınıza karar veriniz: ARTAR veya AZALIR.

3- Yatırım yapmak istediğiniz miktarı seçiniz.

İşlem pozisyonu açmak için yapmanız gerekenler sadece bunlar.

İkili Opsiyon Çeşitleri

1- İkili opsiyon (Dijital opsiyon) en sık işlem gören opsiyon çeşididir. Bu opsiyonda sadece piyasanın ne yönde gideceğini bilmeniz yeterlidir. Opsiyon süresi içerisinde piyasa ya yukarı çıkacağından ya da aşağı ineceğinden iki tarafa da pozisyon açma fırsatınız bulunmaktadır.

Eğer fiyatın artacağı yönünde analiz yaptıysanız ARTAR (AL/CALL) işlemi yapacaksınız. Eğer fiyatın ineceğini öngörüyorsanız AZALIR (SAT/PUT) opsiyonu işlemi açacaksınız. Yukarıda bulunan resim ikili opsiyon işlem sayfasından alınmıştır.

2- Temas: Bu opsiyon çeşidinde analiziniz fiyatların hangi seviyeye geleceğine yöneliktir. Trader olarak fiyatın belli bir seviyeye geleceğini öngörebiliyorsanız ve fiyat o seviyeye gelirse %75 - %81 oranında kâr elde edersiniz. Aşağıdaki resimde, Temas opsiyon işlem sayfası gözükmektedir.

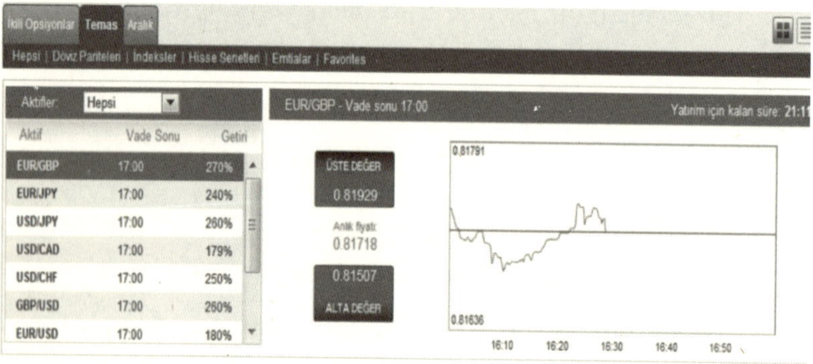

3- Aralık: Trader bu opsiyon seçeneğinde fiyatın belli bir aralık içerisinde kalacağını öngörür. Destek direnç aralıkları için sık kullanılan bir opsiyon olan aralık işlemleri, aynı zamanda önemli haberlerden önce piyasanın iyice durgunlaştığı zamanlarda kullanılabilir.

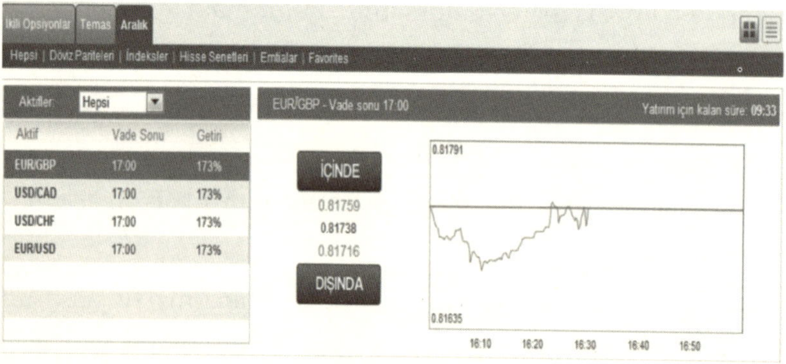

Bunun yanı sıra aralığın aksi yönünde de pozisyon açabilirsiniz. Bu durumda eğer piyasanın belli bir aralığın dışına çıkacağını düşünüyorsanız bu opsiyon çeşidi kullanılabilir. Özellikle ABD'de, istihdam haberlerinin her ayın genelde ilk Cuma günü yapılan açıklamasında bu opsiyon son derece kazançlı olabilir. Aşağıda Aralık opsiyonu işlem sayfası gözükmektedir.

Piyasanın Teknik Analizi

Piyasanın teknik analizi forex piyasasından farklı değildir. Elbette fiyatları teknik açıdan aynı şekilde inceleyebilirsiniz. Bununla birlikte birkaç ek pratik bilgi eklemekte fayda var.

Fiyatın opsiyon süresi sonunda, işlem yönünde sadece bir puan hareket ederek size kazanç getirmesi, kısa zaman diliminde teknik analiz yapma fırsatı tanımaktadır.

Bu doğrultuda bir, beş ve on beş dakikalık grafiklerde seri şekilde işlemler yapılarak gelir elde edilebilir. Dolayısıyla forex piyasasında kullandığımız stratejiler bu piyasada da kullanılabilir. Sadece strateji opsiyon süresi ile eşleşmelidir; yani eğer bir saatlik bir opsiyon işlemine girdiyseniz elbette beş ya da on beş dakikalık bir grafik üzerinde teknik analiz yapmanız gerekir.

Stratejinize göre trendleri geri kaymalarda takip edebilir veya destek ve direnç sekmeleri üzerine işlem yaparak U dönüşlerinde işleme girebilirsiniz.

Piyasanın Temel Analizi

Piyasada temel analiz zaman dilimi kısa olduğundan günlük haberlere göre yapılması daha makul olur. Bu bir avantaj çünkü kısa zaman dilimlerinde, gün içi çıkan haberlerle hareket eden fiyatları takip edebilir ve günlük hareketlerden faydalanabilirsiniz.

Para Yönetimi

Elbette para yönetimi bu piyasada da son derece önemli. Biz para ile para kazanıyoruz, bu yüzden sermayemizi korumak her zaman ilk görevimiz. İkili opsiyon piyasasında da kendinize para yönetimi açısından birkaç prensip edinirseniz fena olmaz. Aşağıdaki bazı temel kurallar size bir çerçeve kazandıracaktır.

1- Hiçbir işlemde ana sermayenizin %5 - %10'dan fazlasını riske atmayın. Bu durumda on, on beş tane zararlı işlem yapsanız bile hâlâ piyasada kalma ve devam etme fırsatınız olur.

2- Sabır. Finans piyasalarında sabır önemli bir meziyettir. Sabrınız yok ise o zaman başınız belaya girer. Bu niteliği edinseniz iyi edersiniz.

3- Yatırımlarınızı çeşitlendirebilirsiniz. Böylelikle farklı riskiniz sadece bir ya da bir iki finansal araçla sınırlı olmaz.

4- Haberleri ve saatlerini gün içinde takip edin. Günlük haberleri her gün www.turkce-forex.com ve www.globaltraderclub.com sitelerinden takip edebilirsiniz.

5- Sadece kaybetmeyi göze alabileceğiniz kadar işlem yapın.

İkili Opsiyon Stratejileri

İkili opsiyon piyasasında stratejiler teknik ve temel olarak fark etmeyecek, sadece vade süresine göre daha kısa zaman diliminde olacaktır.

Hedge Yapmak

Hedge stratejisi bu piyasada forex gibi uygulanabilir. Eğer fiyatın yukarı ya da aşağı kırmasını bekliyorsunuz piyasanın iki tarafına da işlem emri girebilirsiniz. Bu durumda fiyatın gideceği yöne girişiniz olur ve diğer işlemi "zarar dur" işlemi ile durdurabilirsiniz. Bu durum piyasadaki ani hareketlere karşı sizi biraz korur. Ancak hedge yapmak iki tarafı keskin bıçağa benzer, bu yüzden yaparken destek direnç kırılmalarını iyi belirleyin, zira makaslanırsanız iki arada bir derede kalırsınız.

İşlem Araçları

Aşağıdaki işlem araçlarını her İkili Opsiyon brokerinde bulamazsınız. Bu araçlara sahip olan bir broker ile işlem yaparsanız daha faydalı olur.

Bu kitapta GFM Trader platformunu aşağıdaki bu araçlar ve dili Türkçe olduğu için kullandım.

1- Zarar Durdur: Eğer piyasa size karşı gidiyorsa işlemi kapatıp zararı kısa kesmek her zaman faydalıdır. Forex bölümünde de "zarar durdur"un öneminden bahsettim. Burada da farklı bir şey yok. Eğer piyasa ters gidiyorsa ve hâlâ işlemdeki miktardan bir kısmını kurtarma şansımız var ise o zaman kullanın. Bu fonksiyonu, pozisyonunuzu "Kapat" düğmesiyle kapatarak kullanabilirsiniz.

2- Kâr Al: Forexte olduğu gibi bu piyasada da kâr almak isteyeceğiz. Eğer piyasa bizden yana gidiyorsa ve akabinde duraklama veya piyasa koşullarının değişimi teknik olarak söz konusu oluyorsa, o zaman yine "Kapat" düğmesini kullanarak pozisyonu kapatabilir ve kısmi bir kâr alabiliriz. Burada şu önemli: Opsiyon süresi bitmeden pozisyonu kapattığınız için kısmi kâr, doğal olarak %71 ya da %81'den daha az olacaktır, ama bu zarardan iyidir.

3- Uzat (Rollover): Bu fonksiyon opsiyonun süresini uzatmak için kullanılabilir. Bu aslında son derece faydalıdır, çünkü işlem tersine gidiyorsa piyasanın dönmesini beklemek için süreyi uzatabilirsiniz. Böylelikle piyasa döndüğü zaman pozisyonu kârla kapatabilirsiniz.

4- İkiye Katla (Double): Bu fonksiyon traderlara pozisyon ekleme fırsatı verir. Eğer piyasa sizden yana gidiyorsa o zaman kazancınızı "İkiye Katla" fonksiyonu ile iki katına çıkarabilirsiniz.

Terimler Sözlüğü

Aktif (Varlık)

İkili opsiyonlarda işlem yapmak için kullanılan finansal araçlara aktif veya varlık denir. GFM Trader platformunda hisse sentleri, döviz pariteleri, endeksler ve emtia kategorilerindeki aktiflerle işlem yapabilirsiniz.

Artar(Al/Call) Opsiyonu

İkili opsiyon seçeneklerinden biridir. Yatırımcının, opsiyon vade fiyatının işleme giriş fiyatının üzerinde kapanacağına dair işlem yapmasıdır.

Azalır (Sat/Put) Opsiyonu

İkili opsiyon seçeneklerinden biridir. Yatırımcının, opsiyon vade fiyatının işleme giriş fiyatının altında kapanacağına dair işlem yapmasıdır.

Bitiş Süresi

Vade sonu. Opsiyonun sona erdiği tarih ve saat.

Dijital Opsiyonlar

İkili opsiyonlar için kullanılan alternatif isim. Sabit getirili opsiyon türü.

Egzotik Opsiyonlar

İkili opsiyonlar egzotik opsiyonların kolaylaştırılmış türüdür. Bu tür opsiyonlar, ikili opsiyon olarak halka açık işlemler hâline gelene kadar, sadece brokerler ararsında işlem görmekteydi.

Futures

Bir dizi endirekt menkul kıymetlerdir. Gelecek bir zamanda bir aktif için Artar veya Azalır işlemidir. Futures kontratları, sahibinin işlemi gerçekleştirmesini zoraki kılar. Futures opsiyonları ise zoraki işleme tabi değildir ve gerekirse işlemden çıkılabilir.

Gerçek Fiyat

Gerçek fiyat varlığın anlık fiyatıdır. Piyasa fiyatı ile farkı, piyasa fiyatının genellikle on beş dakikalık bir gecikme ile beyan olduğu koşuldur.

Kârda (in-the-money)

İşlemin kazançla sonuçlanmasıdır. Artar işleminde eğer fiyat işlem fiyatı üzerinde kapanırsa veya Azalır işleminde fiyat işlem fiyatı altında kapanırsa "Kârda"dır.

Ödeme

Açılan işlemin vade sonunda kâr ile kapandığı durumda alınan kazanca denir.

Parada (at-the-money)

Aktifin işlem fiyatı ile vade sonu fiyatı aynı olursa kâr/zarar durumu olmadığını ifade etmek için kullanılan terimdir.

Teknik Analiz

Teknik analiz piyasayı analiz ederken yapılan ana metotlardan biridir. Teknik analiz geçmiş fiyatların analiz edilerek geleceğin öngörülmesidir. Teknik analiz piyasadaki bilinen tüm faktörlerin fiyata dahil olduğunu kabul eder ve buna göre piyasadaki trendlerden sonuçlar çıkartarak geleceğe yönelik tahmin yapar.

GFM Trader, müşterilerinin teknik analiz bilmelerinin kendileri için önemli olacağına inanan bir firmadır. Tüm müşterileri Meydan & Co.'dan Mutlu Meydan ile teke tek teknik analiz dersini GFM Trader sponsorluğunda indirimli alabilirler.

Temel Analiz

Makro ekonomik verilerin analizinde kullanılan iki analiz türünden biridir. Temel analiz, ekonominin sağlığını ölçen verilerin, varlıkların değerlerini tayin etmede kullanılmasıdır. Bu analize göre fiyatlar kısa vadede doğru tahmin edilemese de uzun vadede genelde doğru sonuçlanır.

Tezgah Üstü Piyasa

Birtakım aktiflerin düzenli bir borsada değil, alıcı ve satıcılar arasında oluşturulan bir piyasada işlem görmesidir. İkili opsiyonlar bazı düzenli borsalarda işlem görmelerine rağmen genellikle tezgah üstü olarak bilinirler.

Vade Sonu

Opsiyonun sona erdiği tarih ve saattir.

Vade Sonu Fiyatı

İşlem yapılan aktifin kontrat süresinin bitimindeki fiyattır. İkili opsiyonlarda opsiyonun kâr ya da zararla sonuçlanması vade sonundaki fiyata bağlıdır.

Vurgun Fiyatı (Strike Price)

Bazen birkaç farklı tanım alabilen bu kelime, opsiyon piyasasında genel olarak bir aktifin işlem göreceği fiyattır. İkili opsiyonlarda bu durum işlem fiyatı olarak bilinir. İşlem fiyatı vade sonunda işlemin kârlı mı yoksa zararda mı olacağını da tayin eder. Temas opsiyonlarında ise işlemin kârla sonuçlanması için bir aktifin gelmesi gereken fiyat olarak bilinir.

Yatırım Miktarı

Opsiyon işleminde kullanılan yatırım miktarıdır.

Zararda (out-of-the-money)

Yapılan bir ikili opsiyon işleminin zararla kapanmasıdır. Eğer Artar (Al/Call) opsiyonu işlemi açıldıysa ve fiyat giriş fiyatının altında kapandıysa veya bir Azalır (Sat/Put) ikili opsiyonunda piyasa işlem fiyatının üzerinde kapandıysa bu işlem zararla kapanır.

İkili Opsiyonlarla İlgili Sık Sorulan Sorular

İkili opsiyonlar nedir?

İkili opsiyonlar sabit veya dijital opsiyon olarak da bilinen sabit getirili finansal işlem araçlarıdır. İkili opsiyon adı, işlemlerin sadece iki seçenekten ibaret olmasından gelmektedir.

İkili opsiyon işlemlerinin getirisi nedir?

İkili opsiyonlar sabit getiri sunarlar. GFM Trader opsiyon vadeleri kazandığınızda sözleşmenin vade süresi sonunda %81'e kadar kazanç sunar. Örneğin; $1,000 değerinde bir yatırım vade sonunda başarılı olursa $1,810 olacaktır.

Aktif nedir?

Aktif, ikili opsiyon işlemleri yapabileceğiniz döviz (forex), emtia, hisse ve endeks türü yatırım araçları için verilen tanımdır. Örneğin; EUR/USD (Euro ve ABD doları) opsiyon platformunda bir aktif olarak aktifler listesinde bulunmaktadır.

Artar (Al/Call) opsiyonu nedir?

Aktifin fiyatı, vade sonunda işlem fiyatından daha yüksekse, Artar işlemi kâr ile sonuçlanır. Örneğin; öğleden önce saat 11.00'da EUR/USD piyasa fiyatı 1.29567'da Artar (Al/Call) işlemi açtınız. Vade bitiminde fiyat eğer giriş seviyesinin üzerinde kapanır ise kâr elde edersiniz.

Azalır (Sat/Put) opsiyonu nedir?

Aktifin fiyatı, vade sonunda işlem fiyatından daha düşükse, Azalır işlemi kâr ile sonuçlanır. Örneğin, öğleden önce saat 11.00'da EUR/USD piyasa fiyatı 1.29567'da Azalır (Sat/Put) işlemi açtınız. Vade bitiminde fiyat eğer giriş seviyesinin altında kapanır ise kâr elde edersiniz.

Zararda olmak nedir?

Artar (Al/Call) opsiyonunun zararla kapanması; aktifin vade sonu fiyatının, işleme giriş fiyatının altında kapanmasıyla sonuçlandığında olur. Azalır (Sat/Put) opsiyonunun zararla kapanması; aktifin vade sonu fiyatının, işleme giriş fiyatının üstünde kapanmasıyla sonuçlandığında olur.

Kârda olmak nedir?

Artar (Al/Call) opsiyonunun kârla kapanması; aktifin vade sonu fiyatının, işleme giriş fiyatının üzerinde kapanmasıyla sonuçlandığında olur. Azalır (Sat/Put) opsiyonunun kârla kapanması; aktifin vade sonu fiyatının, işleme giriş fiyatının altında kapanmasıyla sonuçlandığında olur.

Başa baş opsiyon nedir?

Başa baş opsiyon, aktif fiyatının işleme giriş fiyatıyla vade sonu fiyatının aynı olduğu koşuldur. Bu durumda, yatırılan tüm miktar size iade edilir.

Opsiyon vade sonu nedir?

Vade sonu, bir opsiyonun süresinin dolmasıdır. Vade sonu zamanı yatırımcılara otomatik olarak yatırımcının zaman dilimine göre platform tarafından seçenekler veya sabit zaman dilimleri olarak gösterilir.

Vade bitiş tarihi nedir?

Vade bitiş süresi/tarihi, opsiyonun kârda veya zararda sonuçlanacağı, önceden belirlenmiş zamandır.

Vade süresi hangi zaman dilimine göredir?

Sitede bulunan saat bulunduğunuz ülkenin zaman dilimine göre çalışmaktadır.

Maksimum ve minimum işlem miktarı nedir?

Azami işlem miktarı opsiyondan opsiyona değişebilir. Yatırım yaparken eğer girdiğiniz miktar azami ya da asgari değerler dışında ise ekranda bir mesaj çıkarak miktarınızı değiştirmenizi önerecektir.

İşlem geçmişimi nasıl görebilirim?

Bütün işlemlerinizi "İşlemlerim" sekmesine tıklayarak ve tarih aralığını seçerek görebilirisiniz.

Hangi aktiflerle işlem yapabilirim?

İşlem yapabileceğiniz tüm aktifleri Aktifler sekmesinde ve platformda işlem açarken seçim yapacağınız pencerelerde görebilirsiniz. Döviz (Forex), Emtialar, İndeksler ve Sermaye Hisselerinden oluşan geniş yelpazeli seçenekler mevcuttur.

İşlem kazançları neye bağlıdır?

Getiri oranları opsiyondan opsiyona değişebilir. Bu oran, işlem açarken yatırım miktarı belirttiğiniz kutunun altında gösterilmektedir.

Nasıl kayıt olabilirim?

Kaydolma işleminizi açılan sayfada bilgilerinizi doldurarak ve koşulları kabul ederek gerçekleştirilebilirsiniz.

Kayıt olmak için para yatırmam gerekiyor mu?

Hayır, kayıt olmak ücretsizdir. Eğer işlem yapmak isterseniz para yatırmanız gerekmektedir.

Sitede bir demo hesabı bulunuyor mu?

Evet, demo hesabı için başvurabilir ve tecrübe edinerek platformu tanımak için işlemler gerçekleştirebilirsiniz.

8. BÖLÜM
MANUEL İŞLEM STRATEJİSİ (MİS)

Manuel İşlem Stratejimiz Meydan-Forex v1, Temmuz 2010'da çıktı, v2 ise Mart 2011 tarihinde dağıtıldı. Metodoloji aynı, sadece işlemler daha keskin; nokta alım noktalarını bulmak çok daha kolay oldu. Sonunda hem kendi rahatım hem de Türkiye'deki traderların rahat bir şekilde kullanabileceği bir sistemi geliştirdim!

Uzun zamandan beri denemeler yaparak, teknik analiz ve indikatörleri bir araya getirerek her şeyi dahil eden tam kapsamlı bir sistem oluşturdum.

Piyasalarda işlem yaparken üç koşul vardır:

1- Destek ve direnç seviyeleri

2- Trende katılmak

3- Destek/direnç kırılmalarına girmek

Bu demektir ki sisteminiz değişen piyasa koşullarına ayak uyduramıyorsa o zaman başarılı olamazsınız. Eğer sisteminiz sadece trendler içinse veya sadece kırılmalara göre ise, başarınız kısa vadeli olur. Teknik analiz metodolojisi yukarıdaki 3 piyasa koşuluna göre hareket etmelidir.

Hangi parite ve emtialarda kullanabilirsiniz? Hepsinde!

İşleme girmeden önce aşağıdaki tüm veriler belli olmalı:

- İşleme giriş yeri belli!
- Stop Loss (Zarar Durdur) yeri belli!
- Hedefler (Destekler / Dirençler) belli!
- Piyasa ilerledikçe stopunuzu nasıl ilerleteceğiniz belli!
- İşlemden çıkış yeri / hedefler belli!
- Trend takip ederken işleme tekrar nerede gireceğiniz belli ve bu yeni işleme göre zarar durdur + hedefler yine belli!
- Hesabınıza göre muhafazakar para yönetimi ekranın sol üst köşesinde belli!

Yandaki örnek, 4 saatlik grafik ile 15 dakikalık grafiğin kullanıldığı GBPUSD örneği. Bu örneği verdim, çünkü eğer www.globaltraderclub veya www.turkce-forex.com sitelerindeki günlük işlem videolarını takip ettiyseniz bu parite ile haftayı nasıl geçirdiğimizi görebilirsiniz. Yani tam anlamıyla canlı bir örnek!

4 saatlik grafik. Diplerde olabileceğimizi ekranın alt tarafındaki indikatörlerden aldık, buradaki grafikte gözükmüyor.

Sistem 4 saatlik grafikte aşağıdaki indikatörlerden yön alıyor ve akabinde grafik üzerinde destek / direnç seviyelerine denk getirdikten sonra işleme iki şekilde girme fırsatı veriyor:

4 saatlik grafikte GBPUSD 23 Kasım - 21 Aralık 2012 zaman aralığı. Diplerden yukarıya gidiş ve tepelerden aşağı U dönüş ve takip.

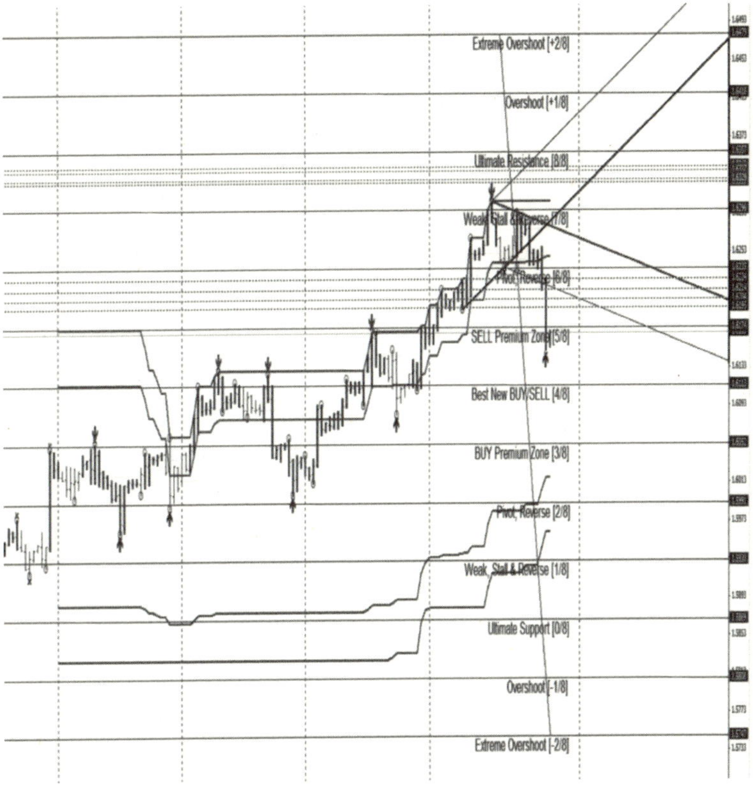

1- 4 saatlik grafikte nokta alışı dediğimiz direkt ya da bekleyen emir formatında tayin edilen seviyede

veya

2- 15 dakikalık grafikte temiz sinyal olarak tayin ettiğimiz girişlerde işleme giriyoruz.

15 dakikalık grafikte U dönüşlerinde işleme giriş.

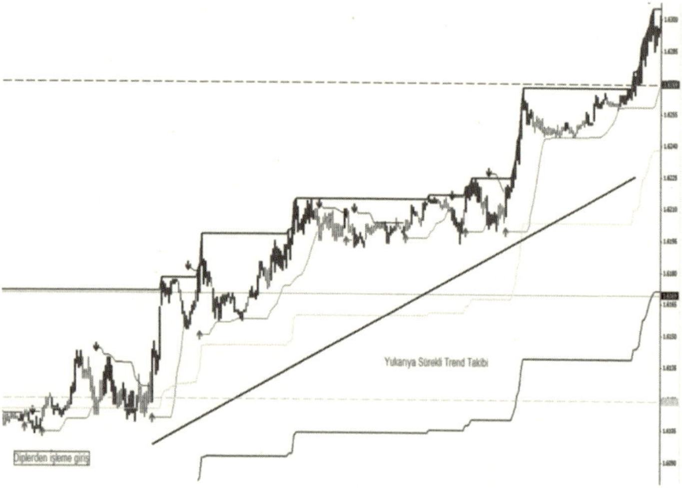

Yukarı doğru sadece al işlemleri yapılıyor.

Aşağı yönde sadece satışlara giriliyor.

Stratejinin Ayrıcalığı Ne?

MİS'in ana prensibi, tepe ve dipleri bulup koşullar değişene kadar takip etmek. Bu durumda hem diplerden ve tepelerden girişler yapabiliriz hem de piyasayı sonuna kadar takip edebiliriz.

Genelde stratejiler sadece:

1- İndikatörlere göre karar vermenizi sağlar. MİS hiç bir zaman sadece indikatörlere göre hareket etmez. Kullanılan indikatörler grafiklerde fiyatlar ile eşleştirilir ve alımlar diplerden destek bölgelerine denk getirilir.

2- Tek zaman dilimine göre çalışırlar. MİS büyük zaman dilimi U dönüşlerinde küçük zaman dilimiyle uyumlu hareket eder. Böylelikle büyük zaman diliminde yapılan daha güçlü teknik analiz, giriş seviyemizi küçük zaman diliminde keskinleştirir.

MİS'in bir diğer ayrıcalığı sizin için para yönetimini muhafazakar bir şekilde yapması. Küçük zaman diliminde ekranınızın sol üst köşesinde, hesabınıza göre kaç lotla işleme girmeniz gerektiği yazılmaktadır. Böylelikle lot miktarınızı (Size of next trade) olarak görebilirsiniz.

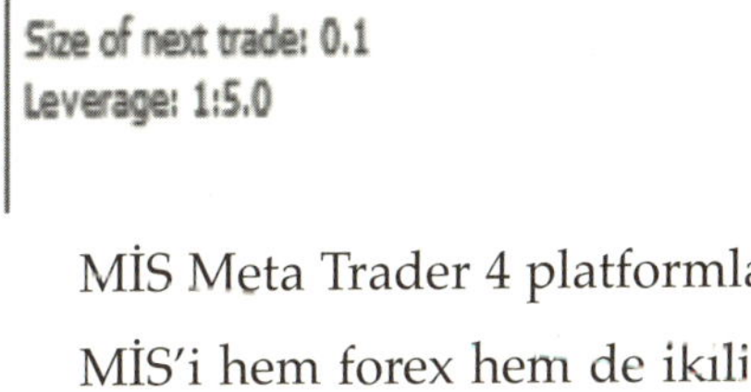

MİS Meta Trader 4 platformlarına uygundur.

MİS'i hem forex hem de ikili opsiyonlarda işlem analizlerinde kullanabilirsiniz.

Sistem ile teknik analiz videolarını her gün www.globaltraderclub.com veya www.turkce-forex.com sitelerinden izleyebilirsiniz.

2013 yılında MİS Fon adı altında teknik indikatörler üzerinde teknik analiz yaparak nokta işlemlerini keskinleştiren bir işlem stratejisi daha çıkaracağız. Bu sistem fon yöneticilerine de bireysel yatırımcılara da tam nokta işlemlerini tespit etmede son derece keskin seviyeler gösterecek ve trendlere bir saatlik grafikte teknik indikatör analiziyle girmelerini sağlayarak çok keskin seviyelerde işlem yapmalarını sağlayacaklar.

İyi işlemler!

www.globaltraderclub.com

BROKERLER VE DANIŞMANLIK ŞİRKETLERİ

GLOBAL TRADER CLUB

WWW.GLOBALTRADERCLUB.COM

Her şey tek sayfada.

Turkce-Forex.com
Uluslararası Danışman Türk Ekip

WWW.TURKCE-FOREX.COM

Güne hazırlıklı başlayın.

I Günlük Videolar I

I Günün Önemli Haberleri I

Manuel İşlem Sistemi

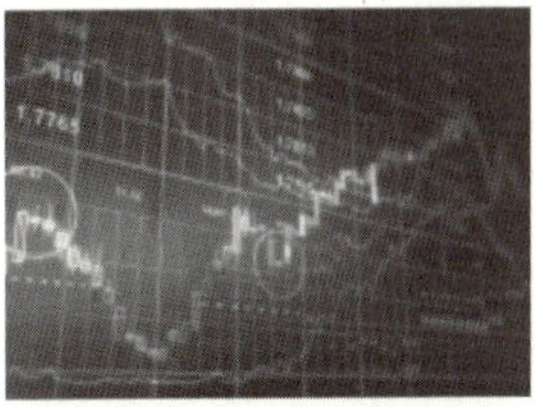

Fon Yönetimi

Eğitim

Canlı Piyasa Analizi

İkili Opsiyonlar

İkili Opsiyonlar

www.gfmtrader.com
0212 705 56 95

GFM Trader
GLOBAL FINANCIAL MARKETS

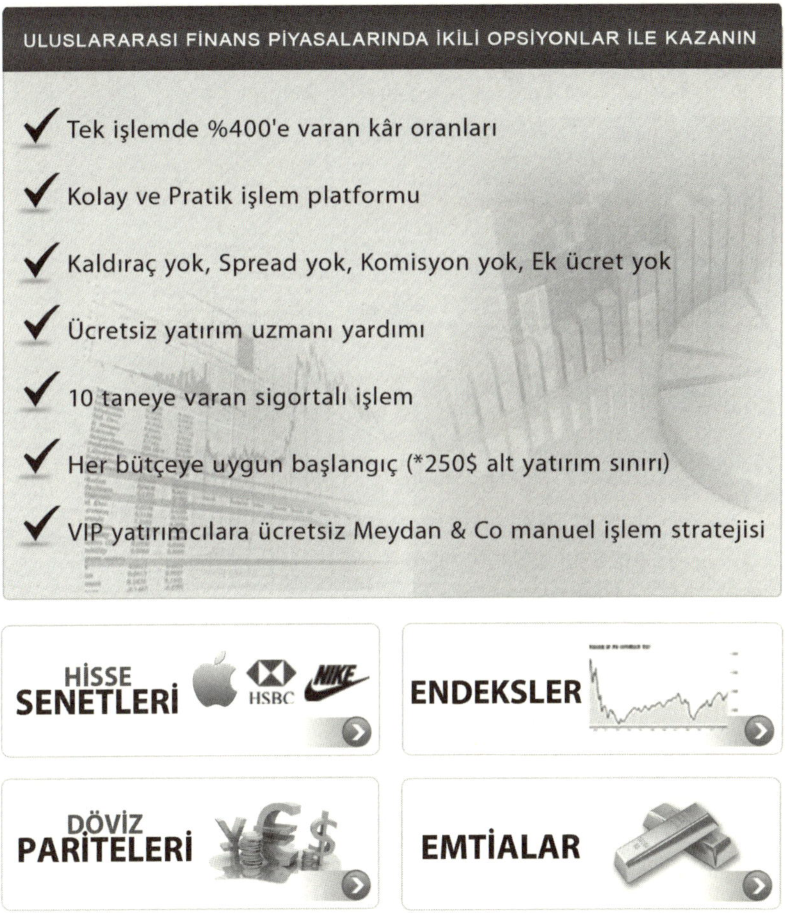

Tüm yatırım işlemlerinizi tek çatı altında güvenle yapabilirsiniz.

elma

TOPLUMSAL ve BİREYSEL GELİŞİM SERİMİZDEN

- 26. KİLOMETRE / Cengiz Alkış
- ŞU HORTUMLU DÜNYADA FİL YALNIZ BİR HAYVANDIR / Ahmet Şerif İzgören
- BİR DAKİKA HAYATINIZI DEĞİŞTİREBİLİR / Steve Goodier
- AVCUNUZDAKİ KELEBEK / Ahmet Şerif İzgören
- SÜPERMEN VE UĞUR BÖCEĞİ / Ahmet Şerif Şzgören
- HIDIR KİŞİSEL GELİŞİYOR / Ahmet Şerif İzgören
- OLUMLU SÖZCÜKLER ETKİLİ SONUÇLAR / Hal Urban
- YABANCI DİL NASIL ÖĞRENİLMEZ? / Dr. Ali Işık
- İYİ Kİ FARKLIYIZ / Özden Aslan
- KELİMENÜ / Hakan Yaman
- DAHA MUTLU YAŞAMAK / Dr. Tal Ben-Shahar
- BEN KİM, KONUŞMAK KİM? / Hakan Urgancı
- BENİ HEYECANLANDIRIYORSUN SBS / Bora Serhat Çelik
- ZOR İNSANLARLA ZORLANMADAN BAŞ ETMEK / Özden Aslan
- TEMSİLCİ / Murat Çokyiğit
- SÜPERMEN TÜRK OLSAYDI PELERİNİNİ ANNESİ BAĞLARDI / Ahmet Şerif İzgören
- GİZEMLİ GÜÇ HİPNOZ / Vural Okur
- YETENEK DEDİĞİN NEDİR Kİ? / Geoff Colvin
- GELECEĞE YÖN VEREN SÖZLER / Akın Alıcı
- TARİHE GEÇEN HAZIRCEVAPLAR / Akın Alıcı
- YENİ GÖRGÜ KURALLARI / Akın Alıcı
- HAYATTA BAŞARILAR / Bahadır Zengin
- ÇOCUĞUMLA DOĞADAYIZ / Nuran Kansu
- HAYAT SENİ CÜMLE İÇİNDE KULLANDI / Hakan Urgancı
- ÇOCUKLARI ANLAMA KILAVUZU / Uzm. Psk. Özgün Kızıldağ
- LİDERLİK YOLCULUĞUM / Vedat Erol
- İŞE GİDERKEN KÖPRÜDEN ÖNCE SON ÇIKIŞ / Grup Temiz
- MÜKEMMELİ ARAMAK / Tal Ben-Shahar
- ÜSTÜN DÖKMEN'LE NEHİRDE / Bircan Kırlangıç Şimşek
- ERGENLERİ ANLAMA KILAVUZU / Uzm. Psk. Özgün Kızıldağ
- VE BİRDEN MUCİT ORTAYA ÇIKIVERDİ / Genrich Altshuller
- KÜÇÜK İYİLİK FİKİRLERİ / Türkiye Uğur Böcekleri
- YAPABİLİRSİN / Müjdat Gezen
- MELEKLER İÇİN ŞEYTAN TÜYÜ / Bülent Yerlikaya

İŞ VE YÖNETİM SERİMİZDEN

- YENİ İŞİMİZ DIŞ TİCARET / Hakan Akın
- DİKKAT VÜCUDUNUZ KONUŞUYOR / Ahmet Şerif İzgören
- İŞ YAŞAMINDA 100 KANGURU / Ahmet Şerif İzgören
- GELECEĞİN ORGANİZASYONUNU YARATMAK / Ahmet Şerif İzgören
- FİNANSÇI OLMAYANLAR İÇİN FİNANS / Dr. Hakan Özerol
- DIŞ TİCARETTE ALTERNATİF PARA KAZANMA YOLLARI / Hakan Akın
- BÜTÜN PAZARLAMACILAR YALANCIDIR / Seth Godin
- EŞİKALTI BÜYÜCÜLERİ / Ahmet Şerif İzgören
- BİR İNSAN KAYNAKLARI MASALI / Özden Aslan
- PİYASALARI OKUMAK / Dr. Hakan Özerol
- FOREX PİYASASI / Mutlu Meydan
- MOKS / Ahmet Şerif İzgören
- İŞTE MÜLAKAT / Mehmet Erkan & Oğuz Erdoğan
- KRİZİ BEKLERKEN / Dr. Hakan Özerol
- DIŞ TİCARET DESTEKLERİ / Hakan Akın
- BÜYÜK OLMA MUHTEŞEM OL / Şafak Altun
- KÖFTE ÜSTÜ KREM ŞANTİ / Seth Godin
- MARKADAN PATENTE / Zekeriya Baştürk
- SIFIRA SIFIR, ELDE VAR MOBİNG / Çağlar Çabuk
- YAŞAMI SINIFA TAŞIMAK / Banu Özdemir
- POZİTİF YÖNETİM / İdil Türkmenoğlu
- İMAJINIZI NASIL ALIRSINIZ? / Suna Kabadayı
- KOÇLUK VE 4. BOYUT / Çağlar Çabuk
- ÖĞRETMENLER İÇİN BEDEN DİLİ / Çağlayan Babacan
- İŞTE ZOR İNSANLAR / Özden Aslan
- DELİK JETON / Banu Akın
- DOĞANIN İNOVASYONU / Şafak Altun